本书受到教育部人文社会科学研究青年
基金项目：机构投资者"抱团"交易的社会网络、
尾部风险与资产定价研究（21YJC790020）资助

基金抱团交易、
尾部风险与资产定价

邓鸣茂◎著

中国金融出版社

责任编辑：丁　芊
责任校对：刘　明
责任印制：陈晓川

图书在版编目（CIP）数据

基金抱团交易、尾部风险与资产定价／邓鸣茂著. — 北京：中国
金融出版社，2024. 11. — ISBN 978 - 7 - 5220 - 2678 - 7

Ⅰ. F832.51
中国国家版本馆 CIP 数据核字第 202498TK13 号

基金抱团交易、尾部风险与资产定价
JIJIN BAOTUAN JIAOYI WEIBU FENGXIAN YU ZICHAN DINGJIA

出版
发行　中国金融出版社

社址　北京市丰台区益泽路 2 号
市场开发部　(010)66024766，63805472，63439533（传真）
网上书店　www. cfph. cn
　　　　　　(010)66024766，63372837（传真）
读者服务部　(010)66070833，62568380
邮编　100071
经销　新华书店
印刷　涿州市般润文化传播有限公司
尺寸　169 毫米×239 毫米
印张　12.5
字数　156 千
版次　2024 年 11 月第 1 版
印次　2024 年 11 月第 1 次印刷
定价　58.00 元
ISBN 978 - 7 - 5220 - 2678 - 7
如出现印装错误本社负责调换　联系电话 (010)63263947

目　录

第1章　绪论 ………………………………………………… 1

1.1　研究背景 ……………………………………………… 1

1.2　研究内容 ……………………………………………… 3

1.3　研究方法 ……………………………………………… 6

1.4　研究意义 ……………………………………………… 8

1.5　创新与不足 …………………………………………… 9

第2章　文献综述 …………………………………………… 12

2.1　机构投资者的信息网络与抱团交易行为 …………… 12

2.2　尾部风险的度量 ……………………………………… 13

2.3　机构投资者的信息网络与尾部风险 ………………… 15

2.4　资产定价理论与因子研究 …………………………… 16

2.5　尾部风险与资产定价 ………………………………… 22

2.6　文献评述 ……………………………………………… 24

第3章　机构投资者抱团交易现象与信息网络构建 ……… 27

3.1　机构投资者抱团交易现象 …………………………… 28

3.2　基金经理抱团交易行为与特征 ……………………… 31

3.3　基金抱团持股交易特征 ……………………………… 37

3.4　信息网络理论基础 ················· 41

3.5　基金抱团持股的信息网络 ············· 45

3.6　本章小结 ····················· 48

第4章　基金抱团交易的信息网络对股价尾部风险影响
　　　研究 ······················ 49

4.1　研究背景 ····················· 49

4.2　文献回顾与研究假说 ··············· 52

4.3　研究设计 ····················· 57

4.4　实证结果分析 ·················· 64

4.4.1　变量的描述性统计 ············· 64

4.4.2　主要变量的相关性分析 ··········· 65

4.4.3　基金抱团交易对股价尾部风险的回归结果分析 ··· 66

4.4.4　排除内生性问题 ·············· 68

4.4.5　稳健性检验 ··············· 71

4.5　本章小结 ····················· 80

第5章　影响机制分析 ················· 81

5.1　信息传递效率的影响机制 ············· 81

5.2　持股稳定性的影响机制 ·············· 83

5.3　信息网络位置的影响 ··············· 85

5.4　企业性质的影响 ················· 88

5.5　本章小结 ····················· 90

第6章　中国A股市场中左尾风险异象存在性研究 ········· 92

6.1　研究背景 ····················· 92

6.2　研究设计 ·· 95

　　6.2.1　样本选择 ····································· 95

　　6.2.2　变量定义及计算 ····························· 95

　　6.2.3　实证分析方法 ······························· 101

6.3　实证结果分析 ······································· 104

　　6.3.1　变量描述性统计 ····························· 104

　　6.3.2　单变量投资组合分析 ·························· 106

　　6.3.3　平均投资组合特征 ··························· 109

　　6.3.4　双变量投资组合分析 ·························· 113

　　6.3.5　Fama - MacBeth 回归分析 ··················· 117

　　6.3.6　转移矩阵分析 ······························· 118

6.4　稳健性检验 ·· 123

　　6.4.1　单变量组分析的稳健性检验 ··················· 123

　　6.4.2　Fama - MacBeth 回归的稳健性 ··············· 126

6.5　本章小结 ·· 128

第7章　左尾动量来源的机制分析 ···················· 130

7.1　Delta CVaR 分析 ··································· 131

7.2　机构投资者持股（INST）的影响 ················· 133

　　7.2.1　INST 与 CVaR1 双变量分析 ················ 133

　　7.2.2　INST 与 CVaR1 的机制检验 ················ 136

7.3　分析师关注度（ANALY）的影响 ·················· 138

　　7.3.1　ANALY 与 CVaR1 双变量分析 ·············· 138

　　7.3.2　ANALY 与 CVaR1 的机制检验 ·············· 140

7.4　股价同步性（SYN）的影响 ······················ 142

7.4.1 *SYN* 与 *CVaR*1 双变量分析 ·············· 143

7.4.2 *SYN* 与 *CVaR*1 机制分析 ·············· 145

7.5 投资者情绪的影响 ·············· 147

7.6 套利限制的影响 ·············· 149

7.7 本章小结 ·············· 153

第8章 左尾动量与右尾反转：基于交易的视角 ·············· 155

8.1 研究背景 ·············· 155

8.2 数据与变量 ·············· 157

8.2.1 数据 ·············· 157

8.2.2 变量 ·············· 157

8.2.3 变量的统计描述 ·············· 160

8.3 实证分析 ·············· 162

8.3.1 尾部风险的单变量组合分析 ·············· 162

8.3.2 尾部风险与换手率的双变量组合分析 ·············· 164

8.3.3 Fama – MacBeth 回归分析 ·············· 167

8.4 本章小结 ·············· 168

第9章 研究结论 ·············· 170

参考文献 ·············· 174

后记 ·············· 190

第1章 绪 论

1.1 研究背景

　　机构投资者通常拥有相似的决策框架、考核机制、信息渠道和行为模式，导致 A 股在 2007 年以后出现过 4 次非常著名的抱团现象①。2021 年 1 月 6 日，华宝证券研究团队在研究报告《机构抱团股次年表现如何?》中指出，自 2017 年以来，机构抱团程度呈现逐步上升的趋势。2020 年机构抱团交易行为更加明显，抱团持股主要分布在商用车、军工、半导体、生物医药等板块。该研究报告对每年末的机构抱团个股与非机构抱团个股在次年的收益进行统计与比较发现，大部分年份机构抱团个股相对于万得全A 指数的胜率均高于非机构抱团个股，平均胜率为 42%。这说明多数年份下，机构抱团个股业绩在次年具有一定的延续性，并未出现明显的反转暴跌现象。2020 年 12 月 27 日，中信证券研究所发布《警惕机构抱团瓦解，布局高性价比品种》，指出投机性抱团股票未来将大概率瓦解，引发市场高度关注，发布当天部分机构重仓股直接遭遇跌停。那么以公募基金为代表的证券机构投资

---

　　① 2019 年 7 月 4 日招商证券研究报告《"抱团"启示录:那些年我们一起抱过的团》。

者抱团交易到底是起到了稳定市场的作用还是加剧了市场的波动？根据公募基金定期报告，南极电商的暴涨暴跌，与公募基金的进出高度契合，在 2020 年第一季度末，有 68 只基金持有，2020 年 6 月底，有 429 只公募基金重仓持有，不到 4 个月的时间，股价从 9 元涨到 24 元，涨幅接近 170%，到第四季度末，持有南极电商的基金只剩 27 只，股价在 2021 年 1 月底暴跌到 8.65 元，成为 2021 年基金抱团"雪崩"的第一股，说明机构投资者参与市场并没有起到稳定股价的作用，而是加剧了市场的剧烈极端波动。

金融市场的信息共享、投资者之间的信息交流和相互观察以及机构投资者的利益趋同会影响投资者的偏好与交易行为。这些现象表明机构投资者个体之间并非相互独立，机构投资者之间会相互交流和进行信息交换，最终会构成一个机构投资者信息共享网络（Pareek，2012；Blocher，2016）。在该网络联系紧密的小团体中，机构投资者成员在个股和时机的选择上具有较高的同步性，比如同时加仓或减持某个投资标的等，极易催生抱团交易行为。目前，学术界关于机构投资者抱团行为的研究主要集中在机构投资者的信息网络会影响股价崩盘风险（孔东民和王江元，2016；吴晓晖、郭晓冬和乔政，2019；Deng，X 等，2018，郭白滢和周任远，2019）。然而，股价崩盘风险通常与流动性紧缺相关（陈新春等，2017），资产价格的尾部风险要比股价崩盘风险更为普遍。资产价格的尾部风险对投融资功能、信息传导与资产定价、金融市场的流动性等产生了巨大的影响，已成为学界、业界和监管层共同关注的焦点。

风险和收益的关系是资产定价领域重要的研究对象。屡次爆发的金融危机也让投资者越发重视发生概率较低，但如果发生就会带来高额损失的风险，即为左尾风险。从经济学意义上讲，左尾风险即资产收益分布的密度函数远离均值的左尾部分所代表的损失发生概率。风险厌恶型投资者持有的证券风险越大，要求的期望收益也越高，左尾风险高的股票价格就应该低，以补偿未来发生大额损失的可能性。因此，左尾风险越高的股票收益越高。然而事实并非如此，大幅下跌的股票并未出现反转，存在未来继续下跌的现象。Ang 等（2006）发现美股中存在"特质波动率之谜"，即股票的特质波动率与预期收益存在显著的负相关关系。由此引发思考，即个股的左尾风险与截面收益之间是否也存在着类似的异象？如果存在，其来源又是什么？Atilgan（2020）全面检验了美国股票市场个股左尾风险与横截面收益之间的关系，个股的左尾风险与股票收益具有显著的负相关关系，股票左尾风险越高，未来收益越低，这被称为"左尾风险异象"，他还进一步从投资者反应不足、投资者结构、投资者关注度、套利限制等角度对其来源进行了探讨。Zhu 等（2021）拓展了 Atilgan 等（2020）的研究，发现美股市场中的左尾风险异象并不总是存在，当投资者情绪高涨时，左尾风险异象显著存在，而当投资者情绪低落时，左尾风险异象不再显著。

1.2 研究内容

本书遵循现象出发—提出问题—是否影响—为何影响（机

制）—影响后果的研究思路，核心观点是机构投资者"同进同退"的抱团交易行为存在对应的信息网络，这种信息网络会影响机构投资者的投资决策行为，进而影响股价的尾部风险，最后会对股票资产的价格产生影响。紧紧围绕现象、问题和观点，本书的逻辑如下：第一，机构投资者"同进同退"的抱团交易行为存在对应的信息网络，机构投资者通过信息共享和信息学习，影响投资决策行为，同时信息反馈也会强化信息网络；第二，信息网络通过影响机构投资者的"同进同退"的抱团交易行为来影响股价的尾部风险；第三，机构投资者信息网络、尾部风险也会影响未来的收益率，可能导致资产定价的尾部风险异象（见图1-1）。

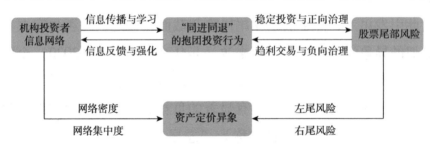

图1-1 研究逻辑框架

基于以上分析框架，本书将从以下五个方面展开研究：一是建立以基金抱团股票为链接的机构信息网络模型，利用社会网络方法中的网络密度、中心性和凝聚性分析，探讨基金抱团交易的网络特征及其影响力；二是建立回归模型，研究基金抱团交易的持股比例、持股集中度对股价尾部风险的影响；三是从信息网络的位置、信息传递的效率、基金持股稳定性的视角剖析基金抱团交易对极端尾部风险影响的内在机制；四是尾部风险对资产定价的影响，探讨是否存在尾部风险异象（经历大幅下跌的股票是继续下跌还是反转，经历大幅上涨的股票是持续上涨还是反转下跌）；五是进一步分析投资者交易（换手率）对尾部风险异象的影响，是增强还是减弱尾部风险异象（见图1-2）。

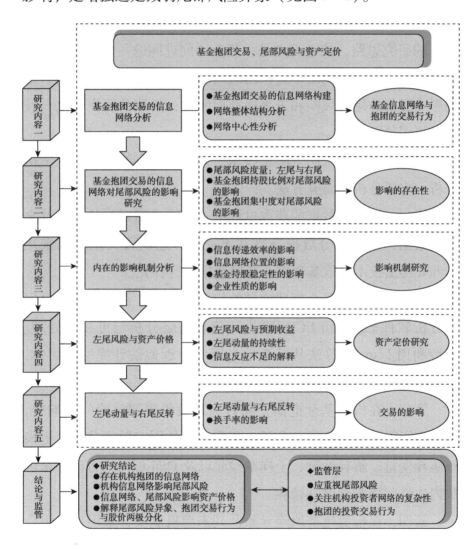

图1-2　研究内容框架

1.3 研究方法

本书遵循现象出发—提出问题—是否影响—为何影响（机制）的研究思路，核心观点是：基金"同进同退"的抱团交易行为存在对应的信息网络，这种信息网络会影响投资决策行为，进而影响股价的尾部风险和未来横截面收益，具体的研究方法与技术路线图见图 1-3。

在研究过程中采用了爬虫技术、理论分析、统计分析、案例分析、实证分析等研究方法。

第一，在研究数据的获取过程中，除了采用万得的公募基金持股数据，由于部分数据披露并不完整，还从天天基金网采用Python 爬虫技术获取基金重仓持股数据进行补充。

第二，在构建基金抱团交易的信息网络中，首先采用信息网络分析软件 Pajek 和 UCINET 进行信息网络分析与可视化处理。然后利用 Louvain 算法从基金信息网络中近似估计提取出团体，并计算基金抱团交易持股比例。

第三，在检验基金抱团交易行为对股价尾部风险的影响中，对样本面板数据进行回归分析，公司个体的固定效应分析，更换被解释变量、解释变量、子样本检验以及 PSM 配对的方法，来解决内生性问题和稳健性检验。

第四，在检验尾部风险异象及其来源机制中，采用投资组合分析法（单变量和双变量）、Fama - MacBeth 回归法和转移矩阵分析法。

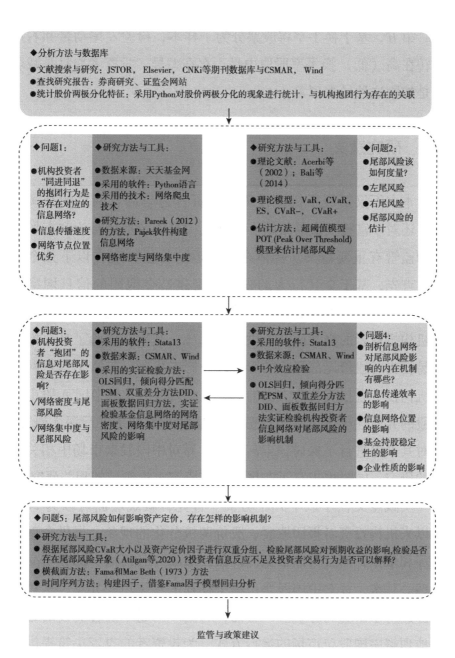

图 1-3 研究方法与技术路线

第五，基于换手率将股票分为子样本，检验左尾动量和右尾反转在高（低）换手率股票中是否存在差异，投资者交易是减弱还是加剧这种异常现象。

1.4 研究意义

本书不仅拓展了机构投资者投资行为与信息网络的交叉研究，还对丰富投资交易策略、加强机构投资者抱团行为和市场风险的监管有重要意义。具体来看，理论价值体现在以下几个方面。首先，基于交互行为的视角，构建基金抱团的信息网络模型，拓展了对机构投资者社会关系网络的相关研究，为信息网络与机构投资者的交叉研究提供理论基础。其次，检验了基金抱团交易行为对股价尾部风险的影响以及影响机制，丰富了信息网络对机构投资者投资行为方面的相关文献。最后，对中国 A 股市场个股的异质性尾部风险与横截面收益之间的关系进行深入研究，并对其来源进行了探讨，丰富了学术界对中国股票市场中相关异象的研究，同时也丰富了左尾风险在资产定价领域的相关研究。

实践意义在于以下几个方面。首先，微观层面可以为 2020 年以来机构投资者报团取暖、股价两极分化的现象，提供合理的解释和依据，而且可以根据此现象，形成"盯机构"的投资交易策略。其次，针对中国股票市场中存在的左尾风险异象，从对其来源进行了研究与分析。一方面，有助于市场中的各类投资者更好地理解中国股票市场的运行方式，为投资者的投资决策提供了一种以左尾风险为主的参考依据，从而作出更加理性、更加规范

的投资决策。另一方面，在监管层面，能够为监管层如何精准地
监管机构投资者抱团交易行为，防止出现极端尾部风险，提供现
实依据。

1.5　创新与不足

本书存在以下几个创新点。

第一，借鉴 Pareek（2012）的方法，构建季度基金重仓持股
交易的信息网络，采用 Blondel 等（2008）开发的 Louvain 算法和
Crane 等（2017）的聚类系数算法来捕捉基金交易的小团体，来
探讨基金抱团交易的信息网络中信息传递的效率与特征，拓展了
对机构投资者社会关系网络的相关研究，为信息网络与机构投资
者行为的交叉研究提供理论基础。

第二，借鉴 Acerbi 等（2001）、Atilgan 等（2020）、陈守东
等（2007）方法，用在险价值（Value at Risk，VaR）与期望损失
（Expected Shortfall，ES）来度量尾部风险，其中 $VaR_{5i,t}$、$ES_{5i,t}$ 度
量股票左尾风险，$VaR_{95i,t}$、$ES_{95i,t}$ 度量股票右尾风险，股价波动的
尾部风险要比股价崩盘风险更为普遍，可以解释 2020 年以来，
大幅上涨的股票继续上涨、大幅下跌的股票继续下跌这种两极分
化的现象。

第三，从信息传递效率、信息网络特征向量中心度以及基金
持股稳定性的角度实证分析了基金抱团交易的信息网络对股价尾
部风险的内在的影响机制，丰富了信息网络对机构投资者投资行
为方面的相关文献。

　　第四，在研究视角方面具有一定的创新性。通过对现有文献归纳整理，可以发现，近些年来国外逐渐关注股票的异质性尾部风险与横截面收益之间的关系。Bail（2014）和 Atilgan 等（2020）均发现，在美国股票市场中股票的异质性左尾部风险越高，股票的横截面收益越低，即美股市场存在左尾风险异象。相较于国外，国内研究主要集中在尾部风险的计量方法以及系统性尾部风险的影响，少有研究对中国 A 股市场中股票异质性尾部风险与截面收益之间的关系。借鉴 Atilgan 等（2020）的研究方法，对中国 A 股市场中股票的异质性左尾部风险与横截面收益均进行了深入的分析。进一步地，参考 Liu 等（2019）基于中国股票市场的特有性质提出的中国版三因子模型（CH3）以及中国版四因子模型（CH4），并在实证中相较于传统 Fama - French 的三因子模型和五因子模型能够更加适合中国股市。本书在实证分析中也使用了 CH3 和 CH4 模型对投资组合的收益率进行分析。此外，为考虑股票对市场流动性的敏感程度，本书基于 CH4 模型进一步加入了 Pastor 和 Stambaugh（2003）流动性因子，由此形成新的CHPS 五因子模型。尝试使用不同的模型，对左尾风险异象进行更加深入的研究，丰富国内关于左尾风险在资产定价领域的研究，有助于人们更好地理解中国的资本市场。

　　第五，在研究左尾风险异象的来源方面具有一定的创新性。基于行为金融学视角，从投资者反应、投资者结构和投资者关注度三个方面对左尾风险异象的来源进行分析。通过构建 Delta CVaR，分析左尾风险的变化与预期收益率之间的关系，分析投资者对左尾风险变化的反应，发现投资者存在对左尾风险事件反应不足的现象，从而导致在未来面临损失；依据机构投资者持股分组，发现左尾风险异象在机构投资者持有占比最低的股票中最显著，并通过验证了机构投资者持股有助于抑制左尾风险异象；应用分析师关注度作为投资者关注度的代理变量，发现分析师关注度对左尾风险异象也存在抑制作用，分析师关注度高的股票，左尾风险异象弱。此外，还探讨了股价同步性对左尾风险异象的影响，股价同步性越高的股票组合，左尾风险异象越弱。最后分析了在不同市场情绪状态和不同套利限制水平下，左尾风险异象的表现。研究结果表明，左尾风险异象在市场情绪高涨时以及在套利限制高的股票组合中更显著。

第六，左尾风险和右尾风险都与未来股票回报负相关，那么交易会减弱还是加剧这种异常现象？本书基于换手率将股票分为子样本，发现左尾动量和右尾反转在高换手率股票中显著，在低换手率股票中不显著。这些发现表明，投资者交易加剧而非减弱了尾部风险异常，支持行为偏差作为可能的解释。

本书的不足之处有以下几个方面。第一，仅借鉴了证券公司研究报告的结果，机构投资者通常拥有相似的决策框架、考核机制、信息渠道、行为模式，导致了基金抱团交易的现象，并未深度剖析基金抱团交易的内在原因。第二，仅研究了基金抱团交易的信息网络对股价尾部风险的影响，并未讨论对股票系统性风险的影响研究。第三，使用历史模拟法计算个股的左尾风险值，计算方法较为单一，对个股左尾风险衡量的准确度有待改进。第四，在对左尾风险异象来源分析部分，主要基于行为金融学的角度进行分析，对于公司内部因素未进一步探讨。

第 2 章　文献综述

本书主要从机构投资者的信息网络与抱团交易行为、尾部风险的度量、机构投资者的信息网络与尾部风险、资产定价理论与因子研究以及尾部风险与资产价格五个方面进行文献综述。

2.1　机构投资者的信息网络与抱团交易行为

机构投资者的信息网络模型构建主要有两种方式：一种方式是根据市场参与者的证券账户持股数据关联的方法（Ozsoylev 等，2014），但是这种获取参与者证券账户持股交易数据的方式比较受限，如参与者数据隐私等，因此这种构建投资者信息网络模型应用不太现实；另一种方式就是以机构投资者重仓持股为联系，构建机构投资者关系网络。Pareek（2012）最先提出并运用这种思想，认为如果基金经理之间重仓同一只股票或多只股票，那么这些基金经理之间是存在某种联系的，在机构投资者网络中，信息能够传递和共享，网络越紧密，基金经理之间的决策行为相关性就越高，并伴随"同进同退"的交易行为。机构投资者信息网络与投资行为在国内研究较少，大多都是采用 Pareek 的思想来建立机构投资者信息网络（肖欣荣等，2012；申宇等，

2013；刘京军等，2016；郝雅慧，2018；吴晓晖、郭晓冬和乔政，2019；陈新春等，2017；娄清青等，2020；马慧萍，2020）。另外，关于基金机构的抱团交易行为的解释，主要体现在相近的地域网络（Hong 等，2005；陆煊，2014）、教育背景和校友关系（Cohen 等，2008；申宇等，2016）以及基金家族共同持股（陆蓉和李良松，2008；陆蓉和刘亚琴，2009；屈源育和吴卫星，2014；李科等，2015；王海青，2019）。上述文献对机构投资者信息网络的研究主要集中在将股票的网络密度、股票中心性作为一个量化指标研究其对股价的影响，并未对抱团交易的机构投资者之间是否存在特定的小团体以及这种小团体的信息传递特征、结构模式进行详细区分和讨论。

2.2　尾部风险的度量

金融资产的收益分布具有尾部平滑、中间陡峭的特征。相比于正态分布，极值理论可以不考虑分布假设，在对风险量化中，能够比较好地处理风险的厚尾问题。尾部风险的定义是指在发生小概率的情况下，资产会带来巨额的损失或者带来巨额收益的风险。根据 Bali（2009）的研究，在险价值（Value-at-Risk，VaR）可以衡量股票的尾部风险。现阶段估计 VaR 的方法大多采用极值法和 Copula 方法，如 Gupta 和 Liang（2005）、张世英和韦艳华（2007）、陈守东等（2007）、花拥军和张宗益（2010）、江涛（2010）等。陈守东等（2007）、陈坚（2014）认为基于极值理论的 VaR 方法比 Copula 方法具有更好的预测能力。

　　在风险度量中，普遍用 VaR 作为有效度量工具，但是这种方法有自身的局限性。第一，超出 VaR 值的极端损失方面，VaR 估计欠缺不足。第二，VaR 不满足次可加性，不是风险度量的一致性工具。Artzner 等（1999）和 Acerbi 等（2001）提出了 Expected Shortfall 风险度量方法（以下简称 ES，"期望巨额损失值"），弥补了 VaR 估计其不满足次可加性、一致性等缺陷。几乎同时，Uryasev 和 Rockafellar（2000、2002）提出了"条件风险价值"风险度量方法（以下简称 CVaR），Acerbi 等（2001）研究发现 ES 方法与 CVaR 方法是等价的，都是资产组合损失概率 α% 时的那些巨额损失的平均值，也就是资产组合损失分布的 α 上尾部的平均值。只不过与风险度量定义于损失（或收益）变量之上的表达方式不同，使用 ES 比使用 CVaR 可能更为合适。

　　资本市场关于尾部风险的研究，更关注极端的下行风险（Extreme Downside Risk），一般文献研究尾部风险均指左尾风险，Roy（1952）提出了对于投资者而言"安全至上"的概念，Markowitz（1959）强调以半方差度量风险，Arzac 和 Bawa（1977）、Bawa 和 Lindenberg（1977）等提出基于收益经验分布下偏矩的资产定价模型，凌爱凡和谢林利（2019）使用下偏距（Lower Partial Moment，LPM）来度量投资组合尾部风险，将组合的尾部风险分解成三个部分：特异性尾部风险、个股的系统性尾部风险和混合尾部风险，曹姿姿（2018）将尾部风险区分为左尾风险（$CVaR^-$）和右尾风险（$CVaR^+$）。

　　上述文献提出了度量尾部风险的方法，基于极值理论的 ES（CVaR）方法，相对于 VaR 方法，可以满足次可加性，是风险度量的一致性工具。此外，陆升艺等（2022）从基金经理的薪酬激励和职业忧虑角度研究了牛市和熊市中基金锦标赛理论下的尾部风险承担行为，在牛市中，承担尾部风险会显著带来收益的提升，年中赢家基金相对于年中输家基金在下半年会承担更多的尾部风险。本书拟采用 ES（CVaR）方法来度量尾部风险，另外，本书所研究的尾部风险相对 Hutton（2009）、Kim（2011）提出的股价崩盘风险（Crash Risk）要更加普遍，股价崩盘风险通常与流动性缺失紧密联系。

2.3　机构投资者的信息网络与尾部风险

机构投资者通过观察网络中的其他机构投资者的决策、行为和结果、相互交流、彼此推测来影响投资决策行为，最终影响市场价格及波动（Pareek，2012；Ozsoylev 等，2014；Blocher，2016；王典，2018；郭白滢和李瑾，2019）。大多研究集中在探讨机构投资者信息网络对股价崩盘风险的研究（孔东民和王江元，2016；Deng，X 等，2018；陈新春等，2017；郭白滢和李瑾，2019；吴晓晖等，2019；马慧萍，2020）。从影响机制来看，Crane 等（2017）用美国资本市场机构投资者共同持股为链接，建立标准机构投资者网络，他发现在机构投资者网络中，网络团体成员之间存在合作，提高了机构投资者团体整体"发声"的治理效应，但是团体这种"同进同退"的"抱团"效应也降低了机构投资者个体的"退出威胁"的治理效应。国内学者孔东民和王江元（2016）的研究发现持股稳定的机构投资者通过治理效应来降低股价崩盘风险，而以交易为目的的信息竞争行为会加剧股价崩盘风险，郭晓冬等（2018）研究了在利益的驱动下，从机构投资者对坏消息的掩盖与挖掘角度出发，机构投资者网络位置的差异对股价崩盘风险的影响。

此外，Stein 和 Scharfstein（1990）、Maug 和 Naik（2012）基于委托代理关系分别从追求声誉机制、报酬激励机制的角度探讨了基金机构的抱团行为。平庸的基金经理会跟随聪明的基金经理作出一致的投资行为，即盯人策略，可以获得平均水平以上的绩效（徐龙炳和张大方，2017）。吴晓晖等（2019）、蒋松等（2021）以基金重仓股为"链接"，构建机构投资者网络，运用 Louvain 算法从机构投资者网络中提取近似机构投资者抱团团体发现，机构投资者抱团行为降低了被抱团股票的流动性，加剧了股票的波动（蒋松等，2021）。另外，机构投资者抱团行为阻碍了私有信息融入股价的速度和信息的流入量，可能会引发坏消息的隐藏、积累，降低上市公司信息透明度，加剧股价崩盘风险（吴晓晖等，2019）。

2.4 资产定价理论与因子研究

资产的收益与风险之间的关系一直以来都是金融领域研究的重点问题。Markowitz（1952）通过构建均值—方差模型解决资产组合的配置问题，以投资组合的收益率的方差作为投资风险测度，认为投资者可以通过分散投资的方法降低资产的非系统性风险，该理论为现代资产组合理论的发展提供了方向。均值—方差理论受限于过多的理论假设，在现实应用中难以达到预期的效果。因此，后续学者在此基础上提出了新的模型。Sharpe（1964）和 Lintner（1965）提出了现代资产定价领域中最经典的 CAPM 模型，在模型中引入了市场风险溢价系数，即 Beta 值。该模型将资产的收益与面临的系统性风险之间的关系以线性模型的形式直观地表示出来，便于理解且具有更强的实操性。

随着研究的不断深入，人们意识到仅靠经典 CAPM 模型中的市场因子 Beta 不足以解释资产的收益。在此情况下，Ross（1976）提出了套利定价理论（APT）。相较于 CAPM 模型，APT 的理论假设更加简洁，并认为资产价格不仅是受到市场因子的影响而是受到多种因子的驱动，如宏观经济变量或是公司经营相关等因素，并且资产的预期收益与各个因子之间的关系可以用线性函数表达。

APT 虽然提出了资产价格受到多个因子的影响这一观点，但是并没有具体指出影响因子，这为后续学者提供了巨大的研究空间。Fama 和 French（1993）构建了三因子模型，在市场风险溢价因子的基础上引入了市值因子和账面市值比因子，并且在实证中发现该模型能够在较大程度上解释美国股市的横截面收益。但后续研究发现 Fama 和 French（1993）三因子模型无法解释市场中存在的动量效应和反转效应。Carhart（1997）在以基金市场为研究对象时发现，基金的历史表现与未来表现存在正相关关系，即过去表现较好的基金在未来的收益表现也较好，这种现象被称之为动量效应。因此，Carhart（1997）通过构建动量因子，Fama 和 French（1993）在三因子模型的基础上提出了四因子模型。进一步地，Fama 和 French（2015）通过构建投资风格因子和盈利能力因子，将其原有的三因子模型拓展成五因子模型，并在实证研究中发现五因子模型具有更强的解释力。

　　相较于国外发达国家的资本市场，中国资本市场目前仍然处在发展阶段，不论是市场中的投资者还是市场的相关制度都不够完善。因此，国内学者的研究方向主要为基于国外学者的理论模型检验在中国股市中的适用性，不同学者对此也有着不同的结论。陈浪南等（2000）使用上海股票市场的数据，将市场划分成上升、下跌和横盘三种格局，对 CAPM 进行了实证检验，发现 Beta 对市场风险的度量有着较为显著的作用。而靳云汇等（2001）利用多种方法检验了 CAPM 在中国股票市场的适用性，发现股票收益率与 Beta 值之间的关系是非线性的，得出 CAPM 在中国股票市场并不适用的结论，并推测这与中国股市发展不够成熟有关。吴世农等（2004）考察了 CAPM、三因素模型和特征模型在中国股市的适用性，认为三因素模型比 CAPM 模型能够更好地解释股票横截面收益的变化。欧阳志刚等（2016）发现加入滞后 6 个月动量因子的四因子资产定价模型适用于中国股市，且比 CAPM 和 Fama – French 三因子模型有更强的解释力。李志冰等（2017）通过将中国股市的样本以股改为时间点进行划分，发现股改前市场风险因子占据主导地位，动量、投资风格和盈利能力因子为冗余因子，但在股改后这三个因子的风险溢价显著，并认为五因子模型有着非常强的解释力。而赵胜民等（2016）使用中国 A 股市场的数据对比了 Fama – French 五因子模型和 Fama – French 三因子模型的表现，认为三因子模型更加适合我国股市。

此外，Liu 等（2019）受中国资本市场特殊性的启发，基于 Fama - French 三因子模型的研究框架，使用 EP 构造价值因子从而形成了更加适合中国市场的中国版三因子模型。进一步在三因子模型的基础上，加入以换手率代表情绪的 PMO 因子形成四因子模型，并在实证中发现中国版四因子模型相较于经典的Fama - French 三因子模型和五因子模型对中国股市有更强的解释力。

除了上述提到的经典模型之外，随着国内外学者对公司基本面特征以及价格信息的研究不断深入，发现了很多可以用于预测股票收益的单个因子，使资产定价领域中的定价因子不断得到丰富。DeBondt 等（1985）研究美国股市时发现过去 3~5 年收益表现得差的股票在未来 3~5 年表现得好，而过去 3~5 年表现得好的股票在未来 3~5 年的表现反而变差，由此发现了股票市场中存在的反转现象。Jegadeesh（1990）将股票未来收益率与过去短期内收益率之间的相关关系进行了实证分析，发现两者存在显著的负相关关系，因此他认为股市中存在短期反转效应。Clare 等（1995）对英国股票市场进行了检验，也发现了明显的反转现象。国内学者田利辉等（2014）发现中国股市存在超短期反转效应，并提出了包含反转效应的四因子模型。王刚等（2016）在研究中国股票市场中流动性与反转效应之间关系时，证实了中国 A 股市场存在着明显的短期反转效应，并且无法完全被流动性所解释。

动量因子也是当前资产定价领域中常见的定价因子之一，国内外学者也对股票市场中的动量效应进行了不同程度的验证。Jegadeesh 等（1993）发现在过去一段时间收益表现较好股票在未来也有可能表现较好，并称这一现象为动量效应。Carhart

（1997）在基金市场中对这一现象进行了验证，并构造了动量因子加入到三因子模型中，从而建立了 Carhart 四因子模型。徐信忠等（2006）在实证分析中发现中国股票市场上明显存在动量效应，并发现风险、规模、账面市值比等多个因素对动量效应有一定程度的解释力。谭小芬等（2012）通过模型研究上证 180 现货交易以及构建动量策略和反转策略发现中国 A 股市场存在中期动量效应和短期反转效应，并且动量策略在牛市中的表现要优于熊市。

Amihud（2002）使用资产收益率的绝对值和成交额之间的比率构建了非流动性指标，用于衡量资产的流动性大小，并使用 NYSE 市场中 1963—1997 年的股票数据进行横截面分析和时间序列分析时，验证了流动性溢价的存在。Pastor 等（2003）在实证中发现流动性风险是资产定价领域中不可分散的风险之一。国内李一红等（2003）在实证分析中分别使用换手率和非流动性指标证实了流动性溢价理论在中国股票市场的适用性，并认为流动性度量方法、市场态势、政策或重大事件和估计的数据构造影响了股票市场的流动性和收益率之间的关系。苏冬蔚等（2004）发现，中国股市存在显著的流动性溢价，并认为其产生原因是交易成本而非交易频率。

Ang 等（2006）以 NYSE、AMEX 和 NASDAQ 的股票数据为样本，应用 Fama – French 三因素模型的残差项的标准差作为度量股票特质波动率的指标，结果发现股票的特质波动率与预期横截面收益之间存在显著的负相关关系。Ang 等（2009）研究中进一步使用了共 23 个国家的股票市场数据，发现这一现象仍然存在。特质波动率之谜的提出引发了国内外学者的热烈讨论。杨华蔚等（2009）基于中国股票市场的数据，从时间序列和横截面两个维度，发现股票特质波动率与预期收益之间存在着显著的负相关关系，结果表明中国股票市场存在特质波动率异象，且从 Miller（1997）的异质信念角度对其进行解释。左浩苗等（2011）同样证实了特质波动率异象在中国 A 股市场中的存在性，并从换手率的角度对其进行了解释。也有学者对特质波动率与股票预期收益之间的负相关关系提出质疑。Bali 等（2011）在实证研究中发现股票的博彩型需求对特质波动率有着很大影响，在加入博彩型需求后，特质波动率与预期收益之间的负相关关系显著下降甚至可能发生反转。郑振龙（2011）认为滞后的特质波动率无法有效地估计预期特质波动率，并在研究中使用 ARMA 模型提取出预期特质波动率，用于研究其与股票的截面预期收益之间的关系，结果表明两者之间存在着显著的正相关关系。

除上述提到的定价因子外，在现有文献中还有许多已经过验证能够影响股票预期收益的因子。如 Boyer 等（2011）在对美国股票市场的研究中发现预期特质偏度与预期收益之间的负相关关系，这一现象郑振龙等（2013）使用中国股票市场的数据也进行了验证并进一步用于解释中国股市中的"特质波动率之谜"。Kumar（2009）对证券市场中不同投资者类型对股票的博彩型需求进行了研究，发现相较于机构投资者，个人投资者更加偏向博彩持股行为。Bali 等（2011）用当月最高收益率代表股票的博彩型需求，发现其与收益率之间有着显著的负相关关系。孙清泉等（2013）对中国股票市场中的博彩偏好进行了证实，并发现博彩类股票的年收益率至少要比其他股票低 5%。

2.5　尾部风险与资产定价

尾部风险在实际中往往可以分为系统性尾部风险与非系统性尾部风险，后者被称之为异质性尾部风险。在资产定价领域的实证研究中，不论是系统性尾部风险还是非系统性尾部风险，都是学者们关注的重点。Rietz（1988）在 Mehra 等（1985）提出的研究框架下对经济基本面中罕见的灾难风险进行了研究，发现可以用尾部风险事件很好地解释美国股权溢价现象。Barro（2006）基于 Lucas（1978）、Mehra 等（1985）和 Rietz（1988）的研究构建了一个股权溢价模型，并使用主要发达国家 20 世纪近 100 年的宏观经济数据对经济灾难风险的概率进行估计，实证结果发现罕见经济灾难风险，即经济中的左尾事件，能够解释许多资产定价中的异象。基于此，Gabaix（2008）提出了罕见灾难风险在时间层面上的可变版本，通过理论推导初步验证了理论在宏观金融中的可行性，并在 Gabaix（2012）中提出了具体的分析框架，分别在时间序列层面和横截面上研究了可变罕见灾难风险对股票价格的影响，以及对股票收益的预测能力，认为可变罕见灾难风险对股权溢价有着更好的解释。

在传统金融学理论框架下，基于理性人和风险厌恶偏好的假设，资产预期收益与风险之间存在着正相关关系。将尾部风险应用到该框架下可以得出尾部风险越高，预期收益越高的结论。Bali（2009）使用 VaR 指标衡量股票收益的系统性左尾风险，在基于纳斯达克市场中股票数据的实证研究中发现左尾风险能够在一定程度上正向地预测股票收益。Huang 等（2012）基于极值理论构建尾部风险指标，发现尾部风险在美国股市存在显著的正溢价现象。Bali 等（2014）在研究中引入新的混合测度方法，进一步验证美国股票市场尾部风险与股票预期收益率之间存在正相关关系，即高尾部风险的股票有着更高的预期收益率。Xiong 等（2014）在对股票型共同基金的实证研究中发现，基金的尾部风险有着较高的溢价。Kelly 等（2014）研究发现系统性左尾风险可以在一定程度上预测股票市场的回报，且过去左尾风险较高的股票在未来有着更高的回报。

基于已有文献，可以发现有学者在实证研究中得出有悖于上述理论的结论，即尾部风险与收益之间存在负相关关系。Oordt 等（2016）在研究系统性尾部风险溢价时发现在市场崩盘时，高尾部 Beta 股票遭遇的损失是低尾部风险的 2 ～ 3 倍。Long 等（2019）发现系统性尾部风险指标在国际市场中的定价作用并不明显，异质性尾部风险与预期收益之间存在着显著的负相关关系。Atilgan 等（2020）基于 Bali 等（2009）的研究方法，以非参数法构造了个股的左尾风险度量指标 VaR 和 ES，在实证研究中发现高左尾风险股票组成的投资组合在未来的收益率要显著低于低左尾风险股票组成的投资组合，且这一现象具有较强的持续性。进一步地，Atilgan 等（2020）对这一现象的来源从不同类型投资者的行为进行了分析。

国内也有学者对尾部风险进行了研究。陈国近等（2015）借鉴 Kelly 等（2014）的研究方法，从个股横截面数据中提取尾部风险因子，作为时变罕见风险的代理指标，并在基于中国 A 股市场的实证研究中发现尾部风险对我国股市收益率有显著的预测效果，对股市的横截面收益也具有显著的解释能力。凌爱凡等（2019）在实证研究中使用下偏矩度量资产的尾部风险，并从特异性尾部风险、系统性尾部风险和混合尾部风险三个角度考察尾部发现对资产的定价作用，发现特异性尾部风险与资产的期望收益呈负相关关系，混合尾部风险与资产的期望收益呈正相关关系，系统性尾部风险对资产预期收益的影响最弱。黄玮强等（2022）基于 Kelly 和 Jiang（2014）对尾部风险的度量方法，在实证中基于中国债券市场的数据分析尾部风险与债券横截面收益之间的关系，结果表明尾部风险与债券收益之间存在显著的负相关关系。Lin 等（2022）以 CVaR 作为尾部风险的度量指标，对两端尾部风险与股票预期收益之间的负相关关系进行了验证。

2.6　文献评述

目前的研究大多集中在机构投资者是否发挥了稳定市场作用，以及机构投资者网络是否影响股价崩盘风险展开。本书对研究现状和发展动态的评述可以总结为以下几点。

第一，机构投资者抱团交易行为的社会网络有待进一步地深入研究。目前研究机构投资者的抱团行为，主要集中在地域网络（Hong 等，2005；Pool 等，2012、2015；陆煊，2014）、教育背景和校友关系（Cohen 等，2008；申宇等，2016）以及基金家族共同持股（陆蓉和李良松，2008；陆蓉和刘亚琴，2009；屈源育和吴

卫星，2014；李科等，2015；王海青，2018）。在金融大数据和
网络爬虫技术日趋成熟的背景下，信息的传播速度和扩散力度发
生了根本性转变，机构投资者的信息网络可能不再集中于邻近的
地域、校友和基金家族，原来的私有信息可能演变为共享信息，
因此有必要进一步研究机构投资者抱团的社会网络，以及这种信
息网络又会如何影响投资者的交易行为，来解释 2020 年越来越
突出的机构投资者抱团取暖现象。

　　第二，缺乏机构投资者信息网络对股票尾部风险的影响与内
在机制研究。目前的研究大多集中在机构投资者信息网络会影响
股价崩盘风险（孔东明和王江元，2016；郭晓冬等，2018；
Deng，X 等，2018，郭白滢和李瑾，2019；吴晓晖等，2019；马
慧萍，2020），资产价格的尾部风险要比崩盘风险更加普遍，崩
盘风险通常与流动性紧缺相联系。从影响机制来看，主要强调机
构网络团体成员之间存在合作关系，认为机构投资者团体"发
声"的治理效应，降低了机构投资者个体的"退出威胁"的治理
效应。这些研究似乎无法解释 2020 年以来机构投资者抱团取暖、
股价两极分化的现象，因此有必要进一步探讨机构投资者网络对
尾部风险的影响，并剖析内在的影响机制。

　　第三，缺乏尾部风险对资产定价影响的研究。风险与期望收
益正相关是金融经济学最基本的概念之一。目前的大多数研究都
认为左尾风险有显著为正的风险溢价。Bali 等（2011）采用极端
正收益（取一段时间收益率的最大值）来度量右尾风险，研究发
现右尾风险（资产价格上涨风险）对股票预期收益存在负相关关
系。而 Bali 等（2014）发现异质尾部风险与股票预期收益之间存

在显著的负相关关系，但并没有对这种关系进行深入的研究和检验。最新的研究 Atilgan 等（2020）认为高（低）左尾风险的股票，未来的收益低（高），价格大幅下跌会持续，与著名的风险—收益正相关理论矛盾，即存在左尾风险异象。国内资本市场也存在着这类尾部风险异象，大幅下跌的股票并未反转，反而持续下跌，部分机构抱团的股票经过大幅上涨后依然持续。国内并未有学者对此现象以及形成机制进行研究。另外，Liu 等（2019）基于中国股票市场的特殊性，提出了更加适用于中国市场的因子定价模型 CH3 和 CH4，并在实证中验证了这两个模型具有更强的解释力，国内关于资产定价的相关文献中并未考虑中国版三因子模型与四因子模型。

因此，有必要研究机构投资者信息网络如何影响尾部风险与资产价格，机构投资者"同进同退"的抱团交易是否会导致资产定价的尾部风险异象。本书首先以 2010—2021 年公募基金重仓持股数据为研究样本，基于社会网络算法，构建基金交易的信息网络，并运用 Louvain 算法，从基金信息网络中提取出近似基金抱团团体，构建基金抱团交易指标，研究了基金抱团交易的信息网络对股价尾部风险的影响与内在机制。然后以中国 A 股市场 2006—2021 年的个股数据作为样本，研究中国 A 股市场中股票的左尾风险与预期收益之间的关系以及分析其存在的原因。通过单变量投资组合分析、双变量投资组合分析以及 Fama – MacBeth 回归分析发现，在中国 A 股市场中个股截面上的左尾风险与预期收益之间是否存在明显的负相关关系。左尾风险和右尾风险都与未来股票回报负相关，那么交易会减弱还是加剧这种异常现象？

第3章　机构投资者抱团交易现象与信息网络构建

资本市场一系列顶层制度设计、市场微观结构的演变，以及宏观经济环境与上市公司不同板块间企业盈利强弱对比的变化，机构持股的一致性日益提升，从而导致机构投资者抱团交易现象日趋显著。2020年12月27日，中信证券研究所发布《警惕机构抱团瓦解，布局高性价比品种》，指出投机性抱团股票未来将大概率瓦解，引发市场高度关注，发布当天部分机构重仓股直接遭遇跌停。巧合的是华宝证券研究团队2021年1月6日发布研究报告《机构抱团股次年表现如何?》，指出机构抱团股相对于万得全A指数的胜率均高于非机构抱团股，平均胜率为42%，在次年机构抱团股并未出现明显的反转现象，反而具有一定的延续性。那么以证券投资基金为代表的机构投资者抱团到底充当的是助推器还是稳定器的角色? 根据公募基金定期报告，南极电商的暴涨暴跌，与公募基金的进出高度契合，在2020年第一季度末，有68只基金持有，2020年6月底，有429只公募基金重仓持有，不到4个月的时间，股价从9元涨到24元，涨幅接近170%，到第四季度末，持有南极电商的基金只剩27只，股价在2021年1月底暴跌到 8.65 元，成为 2021 年基金抱团"雪崩"的第一股，说明机构投资者并未起到稳定资本市场的作用。

2015 年股价的几轮暴跌更是让投资者记忆犹新，机构投资者集体出逃，导致中科金财、京天利、乐视网等数家机构抱团股价格大跌。2018 年公募基金抱团持有的老板电器也出现"一字"跌停，而大幅下跌的股票并未出现反转，呈现未来继续下跌（抄底还有十八层地狱）的现象，这与著名的风险—收益正相关理论矛盾，即存在左尾风险异象（Atilgan 等，2020）。华宝证券的研究报告却认为机构抱团股票当年高胜率，在次年并未出现明显的反转，表现依然好且具有一定的延续性。金融市场的信息共享、投资者之间的相互观察并交流信息以及机构投资者的利益趋同会影响投资者的偏好与交易行为。这些现象表明机构投资者个体之间并非相互独立，而是存在以信息交流为目的的社会关系网络（Pareek，2012；Blocher，2014）。密切的信息网络将导致机构投资者群体无论在持仓或减仓的个股和时机选择方面都有着很大的相似性，极易催生抱团行为，从而导致极端尾部风险。尾部风险会对金融体系的流动性、信息传导和定价、投融资功能等产生巨大影响，已成为学界、业界和监管层共同关注的焦点。

3.1 机构投资者抱团交易现象

本章主要借鉴国泰君安证券的研究报告[①]，基于持仓对国内

---

① 国泰君安证券 2021 年 12 月 3 日发布的研究报告——《公募基金经理抱团行为研究——基金配置研究系列之三》。

公募基金经理抱团行为进行研究。基金经理持有越多抱团程度高的股票，则其行为越趋向于抱团。研究思路如下：第一，构建 A 股抱团程度评价指标；第二，基于基金持有抱团股的情况，刻画基金经理的抱团行为；第三，筛选出"抱团行为程度高""抱团行为程度低"的两类典型基金经理群体，构造"不同抱团程度"基金经理组合，分析两类群体所管理产品的组合业绩表现。根据中信行业板块分类，统计主动权益型基金持仓板块风格，并据此对抱团行为进行识别。抱团行为判定标准：相对中证 800 指数，主动权益型基金连续两个季度及以上超配某个板块 10% 以上。高景气行业天然吸引资金追捧，2007 年以来公募基金多次上演抱团剧情。第一轮为 2007—2009 年四万亿元投资计划刺激下，信贷扩张，公募基金加仓并抱团金融地产；第二轮为 2010—2013 年，以白酒为代表的消费品提价致业绩高增，公募基金加仓白酒形成第一次消费抱团；第三轮为 2013—2016 年，国内智能手机渗透率不断提升，移动互联网实现跨越式发展，4G 时代到来，TMT 行业业绩爆发，公募基金加仓抱团 TMT 科技股；第四轮则是 2016—2021 年第一季度，在消费升级主导下，医药、食品饮料行业业绩回升，机构就持仓消费达成一致，开启消费抱团 2.0。2021 年第一季度，公募基金逐步开始加仓电力设备及新能源板块。2007 年以来 A 股抱团情况见表 3 - 1。

从 2020 年第一季度开始，公募基金逐步开始加仓电力设备及新能源板块，具体见图 3 - 1。2020 年第一季度至 2021 年第四季度主动权益型基金对电力设备及新能源行业配置比例从 4.37% 增至 15.57%，配置比例增长 256.30%。同期电力设备及新能源

表 3 - 1   2007 年以来 A 股经历多次抱团

A 股抱团分类	时间	代表行业
金融地产	2007 年第一季度至 2009 年第四季度	银行、非银金融与房地产
消费 1.0	2010 年第三季度至 2013 年第一季度	食品饮料
TMT 科技	2013 年第三季度至 2016 年第一季度	计算机、传媒、通信、电子
消费 2.0	2016 年第四季度至 2021 年第一季度	医药、食品饮料、家电
新能源	2021 年第一季度至 2021 年第三季度	电力设备、新能源

资料来源：Wind、国泰君安证券研究以及作者根据相关资料整理。

中信一级行业指数涨幅达 172.2%，电力设备及新能源行业配置比例及景气度齐升。相较中证 800 指数，2021 年第三季度主动权益型基金对电力设备及新能源行业超配 5.16%，位居全行业第一。

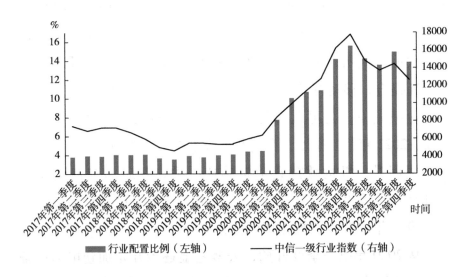

图 3 - 1 2020 年第一季度电力设备及新能源行业配置比例

（资料来源：Wind、国泰君安证券研究以及作者根据相关资料整理）

3.2　基金经理抱团交易行为与特征

借鉴国泰君安证券研究报告（2021）的方法，可以计算出每个季度基金经理抱团行为得分，从而可以对基金经理抱团程度进行评价。每期按照五分位数，从高到低将基金经理抱团程度划分为高、较高、中等、较低、低五档。统计基金经理在金融地产（2007 年第一季度至 2009 年第四季度）、消费 1.0（2010 年第三季度至 2013 年第一季度）、TMT 科技（2013 年第三季度至 2016 年第一季度）、消费 2.0（2016 年第四季度至 2021 年第一季度）以及潜在的新能源（2021 年第一季度至今）五个时期的抱团程度。第一，如果基金经理在某个时期，抱团程度"较高及高"的比例占到了 80% 以上，即认为该基金经理参与了该轮抱团。第二，如果抱团程度"较低及低"的比例占到了 80% 以上，即认为该基金经理未参与该轮抱团。第三，研究筛选出自从业起，每轮抱团均参与、至少参与两轮，每轮抱团均未参与、至多参与两轮的基金经理，将其分别归为"抱团行为程度高""抱团行为程度低"。

1. 不同抱团程度基金经理特征

进一步研究"抱团行为程度高""抱团行为程度低"的这两类基金经理特征。"抱团行为程度高"的基金经理人数虽少，但管理的资产规模普遍较大。截至 2021 年第三季度，在任主动权益型基金经理 969 人，其中抱团行为程度高和低的基金经理分别有 33 人和 37 人，共管理基金分别为 98 只和 100 只，管理规模占比分别为9.37%和2.86%。"抱团行为程度高"的基金经理平均管理3.0只产品,其中9人管理规模超百亿元,在组内人数上占比为27.27%,管理资产占比为80.03%。"抱团行为程度低"的基金经理普遍管理规模较小。该类基金经理平均管理2.70只产品,26人管理规模在0~30亿元,在组内人数上占70.27%。3人管理规模超百亿元,在组内人数上占比为8.11%,管理资产占比为44.10%,具体见图3-2和图3-3。

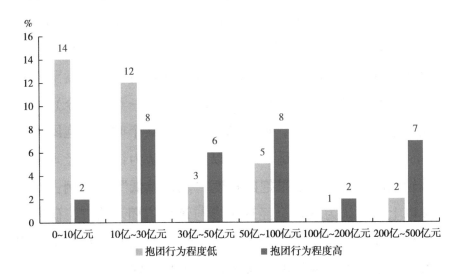

图3-2 不同抱团程度基金经理管理规模分布

(资料来源: Wind、国泰君安证券研究以及作者根据相关资料整理)

另外,从第一大重仓和前两大重仓行业平均占比的角度看,"抱团行为程度高"的基金经理行业持股集中度显著高于"抱团行为程度低"的基金经理,具体见图3-4和图3-5。

2. 不同抱团程度基金经理的业绩差异

进一步构造"抱团行为程度高"与"抱团行为程度低"基

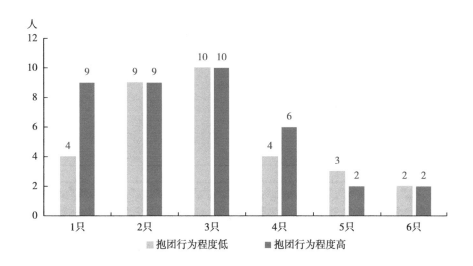

图 3 - 3　不同抱团程度基金经理产品数量分布

（资料来源：Wind、国泰君安证券研究以及作者根据相关资料整理）

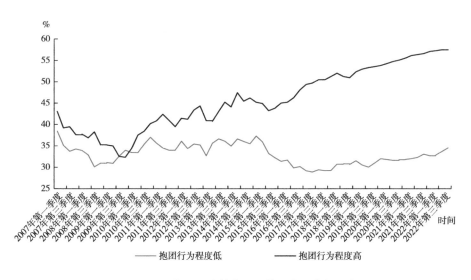

图 3 - 4　不同抱团程度基金经理第一大重仓行业占比

（资料来源：Wind、国泰君安证券研究以及作者根据相关资料整理）

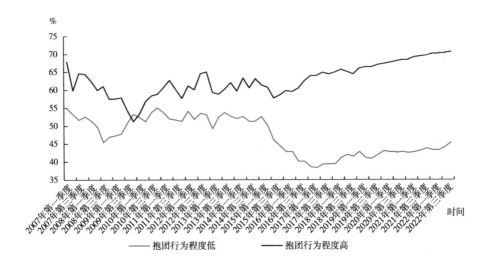

图 3－5　不同抱团程度基金持股前两大行业重仓比例

（资料来源：Wind、国泰君安证券研究以及作者根据相关资料整理）

金经理组合，观察不同抱团程度基金经理的业绩差异。计算基金经理收益率是按照基金经理任职期间管理的各基金资产净值对收益率进行加权。多个基金经理共同管理同一基金，该基金规模不做拆分，分别计入每个基金经理名下。同时，我们把基金成立后的 3 个月视为建仓期，处于建仓期的基金不纳入计算范围。计算时间为 2010 年 1 月 1 日至 2022 年 12 月 31 日，对"抱团行为程度高"和"抱团行为程度低"组合中的基金经理等权进行配置。

　　从图 3－6 中可以看出"抱团行为程度高"的累计收益较高，但在市场不景气时回撤相对于"抱团行为程度低"较大。在2015 年的后半年、2018 年初、2021 年末，"抱团行为程度高"累计收益的下跌幅度明显大于"抱团行为程度低"。但在市场上行期间"抱团行为程度高"的基金经理表现更佳,因此在市场景气时适合配置"抱团行为程度高"的资产。相较于 2021 年第四季度,2022 年新能源及电力设备的配置比例有所下降,基金经理的抱团程度也有所下降,可以考虑适当配置"抱团行为程度低"的资产来降低风险。

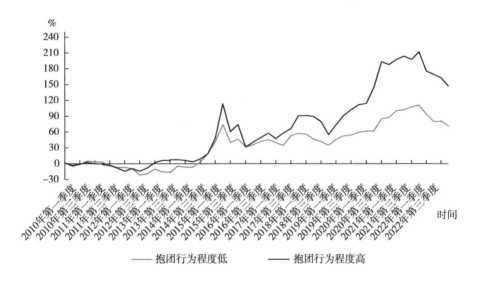

图 3-6 2010 年以来不同抱团行为程度基金经理组合累计收益率

(资料来源:Wind、国泰君安证券研究以及作者根据相关资料整理)

在市场的抱团开始瓦解时配置比较分散的"抱团行为程度低"将有更优异的表现。以第二轮消费抱团为例,2021 年 2 月下旬开始,以"茅指数"为代表的消费蓝筹价格大幅调整,标志着 2016 年第四季度至 2021 年第一季度持续 18 个季度的消费抱团迎来瓦解。截至 2021 年末,新能源也迎来了大幅调整。在 2021 年第四季度到 2022 年第四季度的一年内,"抱团行为程度高"与"抱团行为程度低"的基金经理最大回撤分别为 21.89% 和

17.13%，"消费抱团行为程度高"的基金经理组合业绩出现剧烈波动。

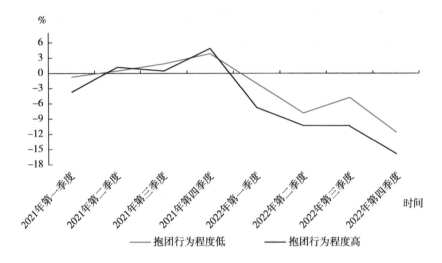

图3-7 2021年第二轮消费抱团瓦解后"不同抱团程度"基金经理组合累计收益

（资料来源：Wind、国泰君安证券研究以及作者根据相关资料整理）

3. 抱团行为程度低基金的收益

2021年末新能源市场出现调整，公募基金对电力设备及新能源行业配置比例也开始有所下滑。市场的风险和不确定性上升，新能源抱团相对于2022年以前更为松散。因此，在资产配置方面，研究通过筛选一些抱团得分低，收益稳定的资产来降低未来所面临的风险。抱团程度低的基金包括圆信永丰优享生活基金、富国周期优势基金、工银瑞信战略转型主题基金、海富通改革驱动灵活基金。从累计收益来看，四只基金的累计收益都超过40%，且业绩回撤较小，具体见图3-8。

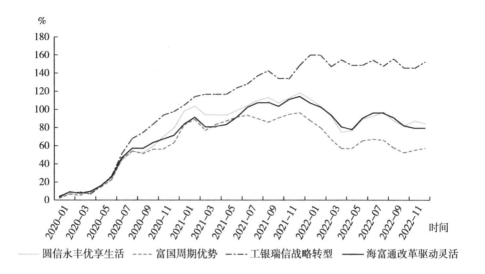

图 3 - 8　挑选出的"抱团行为程度低"的四只基金累计收益

（资料来源：Wind、国泰君安证券研究以及作者根据相关资料整理）

3.3　基金抱团持股交易特征

1. 基金持股家数特征

根据 Wind 上统计的每个季度的股票的基金持有数目变化可知，以 2020 年四个季度 2003 只样本股票为例（剔除第一季度股票机构持股数为 0 的上市公司），股票的每个季度基金持有数相比上个季度的基金持有数都有明显的变化。表 3 - 2 显示了 2020 年四个季度基金持有数均值排名前五位的上市公司，可以看出每家上市公司在每个季度的基金持有数都有着明显的变化。

从表 3 - 2 还可以看出，贵州茅台是 2020 年四个季度基金持有数最多的上市公司，但是基金抱团并没有引起贵州茅台股价崩盘的现象，此外，从公司在行业地位来看，在 2020 年经济受疫情影响的环境下，各行业的蓝筹股更有可能成为各基金公司抱团的目标。

表 3 – 2　　2020 年四个季度基金持有数均值前五位的上市公司　　单位：只

股票简称	基金持有数 （第一季度）	基金持有数 （第二季度）	基金持有数 （第三季度）	基金持有数 （第四季度）	均值
贵州茅台	1236	1744	1447	2146	1643
立讯精密	627	1684	1131	1802	1311
中国平安	807	1190	996	1913	1227
五粮液	573	1389	1099	1845	1227
恒瑞医药	867	1415	662	1451	1099

资料来源：Wind 以及作者根据相关资料整理。

2. 基金重仓持股比例特征

表 3 – 3 选取基金持仓股中占基金净资产 5% 及以上的股票作为样本，并对此类股票的基金持有市值占流通市值的比例进行描述性统计分析，可以看出从 2011 年第三季度到 2020 年第四季度，单只基金持有流通股比例均值整体呈现下降趋势。一方面，市场中新基金的不断发行使市场中的基金数量不断增加，难免会出现多只基金同时重仓一只或多只股票的情况，由此导致基金抱团现象的发生；另一方面，单只基金持有流通股比例的下降意味着基金经理可以更加灵活地进行买卖操作。在以追求业绩为目标的驱动下，基金经理在市场中的交易操作可能会更加频繁，由此导致股价"急上急下"，引发股价极端风险的发生。

表 3 – 3　　　　　基金重仓股市值占流通股市值比例分析

季度	样本数	均值	中位数	标准差	最小值	最大值
2020 年第四季度	531	0.2169	0.0344	0.5955	0.0006	14.9316
2020 年第三季度	558	0.2603	0.0429	0.6502	0.0011	10.2217
2020 年第二季度	561	0.2662	0.0489	0.6623	0.0007	11.7207
2020 年第一季度	512	0.2613	0.0459	0.6647	0.0029	12.1877
2019 年第四季度	492	0.2477	0.0388	0.6118	0.0016	8.7855
2019 年第三季度	479	0.2505	0.0386	0.607	0.0024	9.9225
2019 年第二季度	480	0.2867	0.0443	0.697	0.0024	10.0548
2019 年第一季度	495	0.3434	0.0656	0.812	0.0016	13.4407
2018 年第四季度	466	0.3757	0.0936	0.750	0.0022	6.9717
2018 年第三季度	459	0.3601	0.0777	0.753	0.0037	8.4659
2018 年第二季度	459	0.4063	0.1136	0.754	0.0037	7.7672
2018 年第一季度	461	0.4077	0.1020	0.779	0.0042	9.5399
2017 年第四季度	461	0.4297	0.0905	0.862	0.0071	9.7850
2017 年第三季度	660	0.4292	0.0800	0.942	0.0065	13.9500
2017 年第二季度	454	0.6906	0.1889	1.224	0.0093	12.8269
2017 年第一季度	476	0.8158	0.3146	1.255	0.0092	12.4528
2016 年第四季度	490	0.9670	0.4700	1.326	0.0002	14.0028
2016 年第三季度	489	0.9331	0.4185	1.319	0.0002	11.6872
2016 年第二季度	481	0.9260	0.4428	1.256	0.0003	10.0006
2016 年第一季度	420	0.9925	0.4635	1.414	0.0003	13.4054
2015 年第四季度	401	1.0411	0.4744	1.454	0.0015	11.6674
2015 年第三季度	323	1.0152	0.4130	1.494	0.0005	17.9645
2015 年第二季度	409	0.9675	0.3837	1.504	0.0007	19.3691
2015 年第一季度	361	0.9255	0.3535	1.406	0.0003	11.2399
2014 年第四季度	328	0.8192	0.2091	1.435	0.0006	12.3773
2014 年第三季度	347	1.0996	0.5230	1.531	0.0010	11.4622

续表

季度	样本数	均值	中位数	标准差	最小值	最大值
2014 年第二季度	291	1.0791	0.5077	1.439	0.0007	9.4589
2014 年第一季度	306	1.0334	0.4757	1.395	0.0011	10.3645
2013 年第四季度	295	1.0214	0.4285	1.503	0.0011	11.4427
2013 年第三季度	266	0.8745	0.3743	1.331	0.0015	11.4427
2013 年第二季度	245	0.9457	0.4090	1.524	0.0008	21.1958
2013 年第一季度	136	0.9910	0.3953	1.639	0.0007	21.1958
2012 年第四季度	217	1.0405	0.3110	1.840	0.0010	21.1958
2012 年第三季度	109	0.9743	0.2950	1.871	0.0019	20.1052
2012 年第二季度	214	1.1770	0.5003	1.816	0.0021	16.4114
2012 年第一季度	184	1.0934	0.4703	1.617	0.0024	12.3077
2011 年第四季度	190	1.3407	0.7124	1.841	0.0023	17.7563
2011 年第三季度	115	1.2291	0.5332	1.680	0.0017	9.9000

资料来源：Wind 及作者根据相关资料整理。

3. 2022 年第四季度抱团得分 Top30 位股票

借鉴国泰君安证券研究报告（2021）的方法，计算股票抱团得分：（1）根据公募基金披露的季报、半年报及年报数据，每个季度都可以计算出每只股票的超额配置比例、重仓持有的基金经理数量、股票持有市值占流通市值比这三项指标。（2）每个季度对各指标分别由小到大进行横截面排序，计算单只股票单个指标的排名百分位数，以此作为该股票在该项指标上的得分。如股票 A 的超额配置比例由小到大排在 85% 分位（数值上超过 85% 的股票），则股票 A 在超额配置比例指标上的得分为 85 分。（3）研究取三项指标的平均得分作为单只股票的季度抱团得分，其中表 3–4 为 2022 年第四季度抱团得分 Top30 位股票。

表 3 - 4　　　　**2022 年第四季度抱团得分 Top30 位股票**　　　单位：分

排名	股票代码	股票名称	抱团得分	排名	股票代码	股票名称	抱团得分
1	002709.SZ	天赐材料	99.60	16	600309.SH	万华化学	97.08
2	300037.SZ	新宙邦	98.91	17	601012.SH	隆基股份	97.08
3	002460.SZ	赣锋锂业	98.86	18	600399.SH	抚顺特钢	96.98
4	300760.SZ	迈瑞医疗	98.74	19	600110.SH	诺德股份	96.93
5	603799.SH	华友钴业	98.65	20	601677.SH	明泰铝业	96.81
6	603259.SH	药明康德	98.63	21	300454.SZ	深信服	96.70
7	300661.SZ	圣邦股份	98.43	22	002415.SZ	海康威视	96.66
8	300274.SZ	阳光电源	98.36	23	002459.SZ	晶澳科技	96.65
9	300390.SZ	天华超净	98.28	24	002466.SZ	天齐锂业	96.64
10	000733.SZ	振华科技	97.70	25	002371.SZ	北方华创	96.61
11	300014.SZ	亿纬锂能	97.41	26	300207.SZ	欣旺达	96.48
12	300413.SZ	芒果超媒	97.25	27	002410.SZ	广联达	96.25
13	002049.SZ	紫光国徽	97.22	28	688116.SH	天奈科技	96.21
14	300750.SZ	宁德时代	97.22	29	002353.SZ	杰瑞股份	96.06
15	002311.SZ	海大集团	97.11	30	002812.SZ	恩捷股份	96.05

资料来源：Wind、国泰君安证券研究以及作者根据相关资料整理。

3.4　信息网络理论基础

20 世纪 30 年代信息网络理论开始兴起，到 20 世纪 60 年代才成为一门研究学科。网络是由联系在一起的多个节点组成的，信息网络是由节点以及节点与节点之间的联系构成的集合，是一种由多个节点和边构成的图形。我们比较熟悉的社会关系网络就是由同事、亲属、朋友构成的关系网络。信息网络的应用更加广泛，无论是管理学、经济学都有它的身影，如学者运用信息网络理论批评了古典经济学关于理想人的假设，认为由于考虑到信息网络中其他成员的行为，一个人做决策不可能准确地获得决策带来的收益。一些学者把信息网络分析方法运用于企业关系网络和企业创新绩效关系的研究，研究发现处于网络中心位置的企业能够获得更多有关创新的新知识以及镶嵌在网络中的资源和信息，促进企业更好地提升绩效。随着信息网络理论的发展变得更加复杂，揭示网络的内部结构特征就尤为必要，大多都采用了网络密度、网络中心性来衡量，鉴于信息网络的复杂性，本书的网络为无向信息网络①。

1. 网络密度

网络密度（Density）是用来刻画网络整体联系的疏密程度，用网络中节点之间实际"连接"数之和与所有节点理论最大"连接"数之和的比值。

$$density = \frac{2m}{n(n-1)} \qquad (3-1)$$

式中，m 是网络中所有节点之间实际的"连接"数，n 是网络中所有节点的个数，整体网络密度越大，意味着该网络中节点联系越紧密，交流次数越多。

根据肖欣荣（2012）、郝雅慧（2018）、马慧萍（2020）的研究，如果两只基金重仓同只股票的市值占基金资产净值5%及以上，研究就假定这两只基金之间存在联系（在网络图中用一条

① 在信息网络中，节点与节点之间的联系有方向性称之为有向信息网络，没有方向性称之为无向信息网络。

直线将两只基金连接在一起）。定义基金 j 的网络 $S(j)$ 为与基金 j 存在联系的其他基金集合 [这里的 $S(j)$ 不包含与基金 j 属于同一家的基金公司的基金]。

以"博时文体娱乐"基金在 2020 年第一季度披露为例，"博时文体娱乐"重仓持有 002555. SZ（三七互娱）一只股票；同时 002555. SZ（三七互娱）还被其他 37 只基金重仓持有，因此"博时文体娱乐"基金与其他 37 只基金构成信息网络。依此类推，其余 37 只基金也有自己的基金网络，而股票的基金网络在此基础上有所不同，记重仓持股股票 i 的基金为 $J(i)$，定义股票 i 的基金网络为 $S[J(i)]$，定义股票的网络密度计算公式为

$$D_i = \frac{2E_i}{n_i(n_i - 1)} \tag{3-2}$$

式中，n_i 表示股票 i 的基金网络中基金个数，E_i 表示股票 i 的基金网络中所有基金实际"连接"数之和。

2. 网络中心性

信息网络中心性是用来描述节点在网络中位置优劣，节点越处于网络的中心位置，它在网络中的影响越大，对于其他节点之间的交流就显得越重要，掌握资源和信息也就越丰富，用来描述网络中心性的指标有点度中心性、接近中心性和中介中心性、特征向量中心性（马惠萍，2020）。

（1）点度中心性是指网络中的节点与网络中其他节点直接连接的个数，如果节点的点度中心性越大，意味着该节点在该网络中与网络中的其他节点直接连接的次数就越多，越可能处于该网络的中心，点度中心性的计算公式如下：

$$C_D = \sum_j A_{ij} \qquad (3-3)$$

式中，A_{ij} 表示节点 i 和 j 之间是否有联系，如果 i 和 j 之间有直接的连接，A_{ij} 取值为 1，否则就取值为 0，其中 n 为网络中节点的总数，A_{ij} 最大值是 $n-1$，最小值是 0。

（2）接近中心性反映的是网络中的节点与其他节点建立联系所需要的距离，节点在网络中与其他节点建立联系所经过的"路径"之和越短，从其他成员处获取信息或者其他成员传递信息至该成员就越容易，信息获取的效率就更高，就越可能处于网络的中心位置，相应的接近中心性越大。计算公式为

$$Clossness = \frac{n-1}{\sum_j d_{ij}} \qquad (3-4)$$

式中，d_{ij} 表示 i 和 j 之间建立连接的最短距离。

（3）特征向量中心性与点度中心性有着相似的地方，区别在于点度中心性只计算节点 i 与周围节点连接的边数，而特征向量中心性在计算与网络中其他节点连接数的同时，对每一条边均用周围节点个体的度中心性进行加权，然后再求和，计算公式如下：

$$e_i = \lambda \sum_{j=1}^{N} X_{ij} e_j \qquad (3-5)$$

式中，λ 为恒量，为机构投资者个体通过网络关系构成的邻接矩阵特征值的最大值。

（4）中介中心性是衡量网络中节点扮演信息传递桥梁的重要性，中介中心性越高的节点在信息传递中，扮演的中介角色越重要，没有该节点，那么其他节点想建立联系就很困难或者建立联

系交流的成本会更高，计算公式如下：

$$b_i = \sum_{j<k} \frac{p_{ijk}}{p_{jk}} \qquad (3-6)$$

式中，p_{ijk} 指在 j 和 k 之间，通过机构 i 建立间接连接的路线数目，p_{jk} 表示机构 j 和 k 总的连接路线数目。

3.5　基金抱团持股的信息网络

借鉴 Pareek（2012）的研究成果及方法，首先构建季度基金—股票网络，基金在不同的时间点上持有的股票很大可能是会变化的，因此，每一个季度都可以构建一个完整的基金—股票网络，根据公募基金公布的持股数据，选取基金持股市值占基金资产净值 5% 及以上的股票作为重仓股，可构建基金—股票持股关系矩阵。以矩阵 $N_{a \times b}$ 为例，该矩阵有 a 行 b 列，意味着该基金—股票网络中基金数量是 a，股票数量是 b，把基金横向排列，股票竖直方向排列，在矩阵交叉上取值为 1 或者 0，取值为 1 表示该只股票被该只基金持有，取值为 0 表示该只股票没有被该只基金持有。用 Pajek 软件可以把基金—股票二维矩阵转化基金的一维邻接矩阵 $M_{a \times a}$，矩阵 M 是 a 行 a 列的方阵，行和列均表示基金，矩阵元素取值为 1 或者 0，取值为 1 表示该两只基金至少同时持有同一只股票，取值为 0 表示该两只基金未持有相同的股票，矩阵对角线上全部取值为 0，这个位置表示的是基金与自身的联系，没有研究的意义。

$$N_{a \times b} = \begin{pmatrix} n_{11} & n_{12} & \cdots & n_{1i} & n_{1n} \\ n_{21} & n_{22} & \cdots & n_{2i} & n_{2n} \\ \vdots & \vdots & \ddots & \vdots & \vdots \\ n_{j1} & n_{j2} & \cdots & \ddots & n_{jn} \\ n_{m1} & n_{m2} & \cdots & n_{mi} & n_{mn} \end{pmatrix}$$

$$M_{a \times a} = \begin{pmatrix} 0 & m_{12} & \cdots & m_{1j} & m_{1m} \\ m_{21} & 0 & \cdots & m_{2j} & m_{2m} \\ \vdots & \vdots & \ddots & \vdots & \vdots \\ m_{j1} & m_{j2} & \cdots & 0 & m_{jm} \\ m_{m1} & m_{m2} & \cdots & m_{mj} & 0 \end{pmatrix} \qquad (3-7)$$

在信息网络理论中，所有的节点以及节点之间的联系构成一个网络，就简单网络而言，对网络成员进行划分意义不是很大，但是涉及复杂网络，我们要研究复杂网络中的特征，那么对网络中的成员划分就显得尤为重要了，因为有的成员之间联系紧密，有的成员之间联系稀疏，显然这两类成员构成的子网络的内部结构有很大的差异。如图3-9所示，在（A）团体子图中，所有的个体之间都建立了联系，说明所有的个体两两之间存在共同特征，没有这种特征，个体之间就不可能"连接"在一起，这种高度聚集的团体，个体之间信息交流畅通，不需要通过中间个体的借力，个体之间就会相互信任，容易建立合作，一旦其中的一个个体欺骗了另一个个体，那么这个信息很快就会传到其他个体处，就会减少个体之间建立合作的概率（Ali 和 Miller，2013；Assenza 等，2008；Marcoux 和 Lusseau，2013）。而在（B）非团体子图中，成员之间的连接较为稀疏，只有成员 A 与其他每位成员因为某种相同的特征而建立起了联系，其他成员之间并没有建立直接的联系，成员之间信息获取与交流存在不对称性，其中处于边缘位置的 C—F 之间的信息流通必须要经过成员 A，这会使得成员 C—F 之间的合作困难，并不能构成团体（Crane 等，2017）。

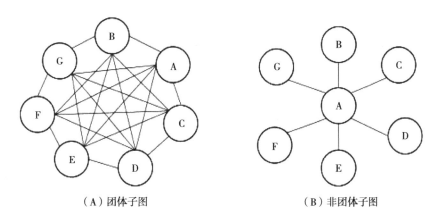

（A）团体子图　　　　　　（B）非团体子图

图 3 - 9　团体子图举例

在研究基金抱团行为的时候，在构造基金网络 $M_{m \times m}$ 基础上，采用 Louvain 算法（Blondel 等，2008；Crane 等，2017）从基金网络中提取近似基金抱团团体，Louvain 算法[①]的公式如下：

$$Q = \frac{1}{2m} \sum_{i,j} \left[A_{ij} - \frac{k_i k_j}{2m} \right] \delta(c_i, c_j) \qquad (3-8)$$

式中，Q 是模块度，A_{ij} 是成员 i 与成员 j 之间边的权重，m 是网络中所有边的权重之和，$\delta(c_i, c_j)$ 判断成员 i 与成员 j 是否在同一个社区，如果是那么值为 1，否则值为 0。

Louvain 两步迭代设计算法：步骤一模块度优化阶段，每一

---

① Louvain 算法是基于模块度的社区算法，Louvain 算法的优化目标为最大化整个数据的模块度，模块度是衡量社区划分优劣的度量方法。

个初始节点作为一个独立的社区，社区的连边权重为 Q ，把节点加入到相连接的周围节点社区中，模块度的增量为 ΔQ ，加入 ΔQ 增量最大的社区，直到所有节点的所属社区不再发生变动，这一阶段算法达到稳定。步骤二网络凝聚阶段，对新生的社区里面的所有节点合并成一个超级节点，超级节点的边权重为原始社区内所有节点的边权重之和，以上两个阶段迭代进行，直到模块度不再增加。

应用 Louvain 算法对基金网络划分得到的近似基金抱团团体与非抱团团体。2020 年第四季度共有 1325 只基金，Louvain 算法从 1325 只基金网络中提取出 5 个基金抱团团体，颜色相同的社区属性相同，以及 4 个基金非抱团团体，其中，4 只非抱团基金分别是华夏磐利一年定开 A、大摩主题优选、泰信现在服务和泰信先行策略。

3.6 本章小结

本章首先描述了公募基金的抱团持股现象，不同抱团行为程度的基金规模、业绩情况、股票季度基金持有数以及基金持股比例变化特征；其次进一步分析这些变化特征造成的原因和可能会产生的结果；再次对信息网络理论简单的回顾，在信息网络理论基础上构造了基金网络和股票的基金网络，并且定义了股票的网络密度；最后介绍了 Louvain 算法，并利用 Louvain 算法对基金网络社区划分成近似的基金抱团团体与非抱团团体。

第4章 基金抱团交易的信息网络
对股价尾部风险影响研究

4.1 研究背景

机构投资者通常拥有相似的决策框架、考核机制、信息渠道、行为模式，导致 A 股在 2007 年以后出现过 4 次非常著名的抱团现象①。2021 年 1 月 6 日华宝证券研究团队发布研究报告《机构抱团股次年表现如何?》指出，2020 年机构抱团交易行为更加明显，机构抱团股相对于万得全 A 指数的胜率均高于非机构抱团股，平均胜率为 42%，在次年机构抱团股业绩具有一定的延续性，并未出现明显的反转暴跌现象。2020 年 12 月 27 日，中信证券研究所发布《警惕机构抱团瓦解，布局高性价比品种》，指出投机性抱团股票未来将大概率瓦解，引发市场高度关注，发布当天部分机构重仓股直接遭遇跌停。那么，以证券投资基金为代表的机构投资者抱团交易是否加剧股价波动的风险?

金融市场的信息共享、投资者之间的相互观察并交流信息以

---

① 2019 年 7 月 4 日招商证券研究报告《"抱团"启示录:那些年我们一起抱过的团》。

及机构投资者的利益趋同会影响投资者的偏好与交易行为。Pa-reek（2012）和 Blocher（2016）认为机构投资者之间的信息交流会形成特定的社会关系网络。国内学者肖欣荣等（2012）认为机构投资者之间的信息交流网络会对基金经理的交易行为产生重要影响。另外，郭晓冬等（2018）、郭白滢和李瑾（2019）、吴晓晖等（2019）的研究发现机构投资者的信息网络特征会影响股价崩盘风险。然而，陈新春等（2017）认为股价崩盘风险通常与流动性紧缺相关，资产价格的尾部风险要比股价崩盘风险更为普遍，基金重仓持股网络的网络密度会加剧股价极端尾部风险。田正磊等（2019）的研究同样发现，同一重仓持股网络的基金之间调仓行为更为一致，在市场极端下跌时，呈现出集体踩踏的特征，会影响个股的系统性尾部风险。尾部风险会对金融体系的流动性、资产定价、信息传导和投融资功能等产生巨大破坏，这已成为学界、业界和监管层共同关注的焦点。

密切的信息网络将导致机构投资者群体无论在买入或卖出个股以及时机选择方面都有着较高的相似性，极易催生抱团交易行为。股票信息网络是所有重仓持有该股票的基金信息网络的集合，其中网络密度反映了信息传递的效率，网络密度值越大，表明信息流动速度越快，同时其价格变化也就越快；特征向量中心度不仅考虑了基金链接的数量，还对基金的中心度加权求和，要比中心度指标能更好地衡量个体在信息网络中的位置。特征向量中心度越高，与其所在网络边缘个体的连接就越强。本书借鉴信息网络结构这种微观机制，以 2010—2020 年公募基金持股数据为样本，首先，建立以重仓股票为连接的基金信息网络；其次，在 Pareek（2012）的研究基础上，应用 Louvain 算法[①]，从基金信息网络中近似提取出基金抱团交易团体，构建基金抱团交易持股指标、信息网络的网络密度以及特征向量中心度；再次，实证检验基金抱团持股比例对股价尾部风险的影响；最后，进一步从基金信息网络的网络密度（信息传递的效率）与特征向量中心度（抱团股票所处信息网络中的位置）来研究内在的影响机制。

本书不仅为信息网络与机构投资者行为的交叉研究提供理论基础，还对丰富投资交易策略、加强机构投资者抱团行为和市场风险的监管有重要意义。具体体现在以下四个方面：第一，基于交互行为的视角，构建基金抱团的信息网络模型，拓展了对机构投资者信息网络的相关研究，为信息网络与机构投资者投资行为的交叉研究提供理论基础；第二，在陈新春等（2017）、田正磊等（2019）检验基金信息网络结构特征对股价尾部风险影响的基础上，利用信息网络提取出基金抱团团体，检验基金抱团交易行为对股价尾部风险的影响，并进一步从信息传递效率、机构持股稳定性以及抱团交易股票所处信息网络的位置三个角度探讨了内在的影响机制，丰富了信息网络对机构投资者交易行为影响的相关文献；第三，在微观层面，为 2020 年以来机构投资者抱团取暖、股价两极分化的现象，提供合理的解释和依据，可以根据此现象，形成"盯机构"的投资交易策略；第四，在宏观层面，本书的研究结论能够为监管层如何精准地监管机构投资者抱团交易行为、防止出现极端尾部风险提供现实依据。

---

① Louvain 算法由 Blondel 等（2008）开发是基于模块度的社区发现算法，其优化目标是最大化整个社区网络的模块度。

4.2 文献回顾与研究假说

信息通常分为公共信息和私有信息，公共信息一般指所有投资交易者都能自由获取的信息，而私有信息既包括来自投资者主观信息，又包括来自投资者社会关系网络中的信息。Banshee 和 Goodman（2007）、Cohen 等（2008）的研究认为私有信息会影响基金经理的持仓交易行为。在金融大数据和网络爬虫技术日趋成熟的背景下，信息的传播速度和扩散力度发生了根本转变，机构投资者的信息网络可能不再集中于邻近的地域（Hong 等，2005；Pool 等，2015；陆煊，2014）、相似的教育背景和校友关系（Cohen 等，2008；申宇等，2015）以及基金家族共同持股（陆蓉和刘亚琴，2009；屈源育和吴卫星，2014；李科等，2015），原来的私有信息可能演变为基金经理间共享的私有信息。机构投资者通过股票信息网络中交流互动、彼此推测并结合自己的心理偏好与理性判断来影响投资决策行为，最终影响市场价格及波动（Hong 等，2005；Ozsoylev 等，2014；Stein，2008；Cohen 等，2008；Pareek，2012；Blocher，2016）。

基金抱团交易的信息网络是否会影响股价的尾部风险呢？基金网络团体成员之间的信息交流与合作会降低基金网络团体成员之间信息竞争的激烈程度，阻碍团体成员的私有信息融入股价，进而加剧股价尾部风险。基金之间的信息共享机制极易导致"黑天鹅"事件。基金持股的信息网络密度不仅与股价总体和特质风险正相关，还会显著增加股票极端上涨和下跌的概率，尤其加剧股价极端下跌的风险（陈新春等，2019）。王典和薛宏刚（2018）发现机构投资者网络密度会促进私有信息传播，利用私有信息的套利行为更为活跃，导致公司特质风险上升。田正磊等（2019）的研究同样发现，同一重仓持股网络的基金之间买入和卖出行为更为一致。在市场极端下跌时，受到特定网络结构特征的影响，极易导致集体踩踏的现象，从而加剧股价系统性尾部风险。吴晓晖等（2019）、郭晓冬等（2018）发现机构投资者抱团交易的信息网络，阻碍团体成员的私有信息融入股价，增大公司负面信息被隐藏和集聚的可能性和程度，最后集中释放，从而加剧股价崩盘风险。蒋松和钱燕（2021）认为机构投资者抱团行为降低了股票的流动性，从而加剧公司股价的波动。基于以上分析，本书提出假说 1a。

假说 1a：基金抱团交易持股比例越高，股价未来的尾部风险越大。

另外，基金网络成员之间通过交流共享私有信息，促进了私有信息融入股价。Crane 等（2019）的研究认为，基金抱团交易会促进团体成员之间彼此共享各自所掌握的私有信息，降低信息收集成本，增强他们的信息优势，能够更好地发挥监督的公司治理效应，抑制管理层隐藏坏消息的行为，从而提高公司的信息透明度。王典和薛宏刚（2018）也认为较高的网络密度在加快信息流动的同时抑制噪声交易，间接降低公司特质风险。郭白滢和李瑾（2019）认为，机构投资者信息网络会促进信息共享，提升公司的信息透明度，从而降低股价崩盘风险。基于以上分析，本书提出竞争性假说 1b。

假说 1b：基金抱团交易持股比例越高，股价未来的尾部风险越小。

基金抱团交易的信息网络如何影响股价的尾部风险呢？基金信息网络的网络密度越大意味着网络内各节点之间的连通性越好，网络信息的交流和传递速度越快，信息传递的效率越高。陈新春等（2019）认为，基金持股之间的信息网络密度越大，信息传递的效率越高，股票极端下跌和极端上涨的概率就越大。郭白滢和李瑾（2019）发现，机构投资者信息网络的网络密度与股价崩盘风险之间呈现负相关关系，即信息传递的效率越高，股价崩盘的风险程度越弱。田正磊等（2019）认为，信息网络密度越高，信息传递的效率越快，能够降低个股的尾部系统风险。Crane 等（2019）、吴晓晖等（2019）的研究表明，基金"同进同退"的抱团行为降低了机构投资者个体"退出威胁"的治理效应，阻碍团体成员的私有信息融入股价，会增大公司负面信息被隐藏、累积、集中释放的可能性，从而降低信息传递的效率。基于以上分析，本书提出假说 2。

假说 2：基金抱团交易会降低信息传递的效率，从而加剧尾部风险。

机构投资者网络团体成员之间的合作，可以提高机构投资者团体"集体发声"的治理效应（Crane 等，2019）。然而，Jiang 和 Kim（2015）、Firth 等（2016）、Lin 和 Fu（2017）的研究发现，中国上市公司股权集中度较高，大股东持股比例大，单个机构投资者持股比例较低。机构投资者主要通过"退出威胁"和"用脚投票"的方式发挥公司治理作用，往往是短线买卖的投机

者，持股时间较短，导致持股的稳定性降低。Scharfstein 和 Stein
（1990）基于委托代理理论，从追求声誉机制、报酬激励机制的
角度探讨了基金的集中持股行为，平庸的基金经理会跟随聪明的
基金经理作出一致的投资行为，存在"盯人策略"（徐龙炳和张
大方，2017）。Callen 和 Fang（2013）、An 和 Zhang（2013）研
究发现，稳定的机构投资者注重公司长远业绩，积极参与长期公
司治理，而以交易为目的的机构投资者则是短线买卖的投机者，
导致持股稳定性降低。孔东明和王江元（2016）的研究却发现稳
定型机构投资者的信息竞争与股价崩盘风险之间的正向关系更显
著，更容易导致股价崩盘风险。Deng，X 等（2018）发现，机构
投资者的集中持股，会加剧羊群效应，从而导致股价崩盘风险。
向诚和冯丽璇（2022）发现，基金因盲目"跟风"持有热点个
股而抱团交易。此外，申宇等（2015）认为校友关系网络在好消
息面前有福同享，但在坏消息面前却各自保守信息，说明小团体
或者小圈子极不稳定。基金"同进同退"的抱团交易行为，会影
响他们持有股票的稳定性。基于以上分析，本文提出假说 3。

　　假说 3：基金抱团交易会降低持股稳定性，从而加剧尾部
风险。

　　另外，基金抱团交易信息网络中的位置有优劣，处于中心位
置的个体具有更大的权力、影响力和资源信息。在利益驱动下，
基金抱团交易网络中的位置优势与差异，会影响被抱团股票的尾
部风险。郭白滢和李瑾（2019）、强皓凡（2022）的研究发现，
信息网络中的位置会引起股价崩盘的风险。网络位置优势最强的
机构投资者利用网络过滤坏消息或传递噪声等方式隐藏公司坏消

息，影响其他机构投资者的信息竞争，阻碍公司特有信息融入股价（郭晓冬等，2018）。基于以上分析，本书提出假说4。

假说4：越是接近抱团交易网络中心位置的股票，抱团交易持股比例对股价尾部风险的影响越剧烈。

从企业的产权性质来看，国有企业的实际控制人是政府或者国家，有专门的监管部门对国有企业进行监督和控制，国有企业的这种监督和管理的特殊性，使国家、政府或者其代理人在进行管理和监督的过程中带有明显的行政色彩（吴联生和薄仙慧，2009）。国有企业的产权界定较为模糊，企业的产出利润不是私人所有，企业的经营目标更多的是满足社会目标，如实现就业、维护社会稳定等。当公司管理层和公司股东作出与国有企业控制者利益不一致的决策的时候，国有企业控制者通常可以动用政治力量对公司的管理施加影响（李增福等，2013）。因此，相对于民营企业，在国有企业中外部机构投资者能够发挥的监督治理作用相当受限（吴联生和薄仙慧，2009），不能显著改善国有控股公司的业绩（刘星和吴先聪，2011）。机构投资者抱团在国有企业的治理效用可能比非国有企业要小，在非国有企业中，机构投资者扮演了更加重要的角色，其起到的监督作用也更加明显，当机构投资者抱团时，其对公司的监督以及对股价后期的波动会产生更加明显的影响（吴晓晖等，2019），相对于非国有企业，机构投资者持股稳定性对国有企业股价崩盘风险的正向影响更弱（朱会芳，2019），股票的网络密度对国有企业股价崩盘风险负相关影响更弱（马慧萍，2020），鉴于以上分析，本书提出假说5。

假说5：相比于国有企业，非国有企业中基金抱团团体持股比例越高，股价未来大幅度涨跌次数越多的效应会越明显。

4.3 研究设计

1. 样本选择及数据来源

本书选取 2010—2020 年中国 A 股上市公司为研究样本[①]，选取我国开放式基金中的股票型、偏股型混合以及平衡混合型基金，数据来源于 Wind。股票的收益率数据以及其他财务相关控制变量数据来源于国泰安（CSMAR）研究数据库。本书在构建相关变量后，对样本进一步处理：第一，剔除金融类以及 ST 类公司样本；第二，对连续变量进行上下 1% 的 Winsorize 缩尾处理以避免极端异常值对研究结果的影响；第三，剔除相关变量缺失的观测值，最后得到 14621 个样本。

2. 基金交易信息网络的构建

田正磊等（2019）、罗荣华等（2020）认为，机构投资者信息网络的构建大致分为三类：基于投资者社会属性（教育背景、工作背景等）、基于投资者的所处的地理位置、基于投资标的来构建。但在大数据时代，信息传播速度和扩散力度发生了根本性转变，机构投资者的信息网络可能不再集中于邻近的地域和投资者的社会属性背景。Pareek（2012）、陆艺升等（2022）认为，基于基金重仓股构建的信息网络更能够体现信息交流的内涵，并且基金重仓持仓数据方便易得。因此，本书利用投资标的来构建

---

① 本书以机构投资者抱团交易为研究背景，借鉴国泰君安证券 2021 年 12 月 3 日的研究报告《公募基金经理抱团行为研究——基金配置研究系列之三》，选择 2010 年作为起始研究样本。

基金交易的信息网络，进而探讨基金的信息网络对股价尾部风险的影响。

　　基金持股关系在不同时间节点上会发生变化且具体数据每季度会公布，因此借鉴 Pareek（2012）、肖欣荣等（2012）的方法，本书主要根据基金持股数据，每季度构建一张基金交易的信息网络。首先，筛选持股市值占基金资产净值 5% 以上的股票作为重仓股；其次，根据基金重仓持股信息构建该季度基金持股的二维矩阵 $N_{m \times n}$，表示 m 只基金持有 n 只股票，若基金持有某只股票，则矩阵中元素为 1，否则取值为 0；最后，通过 Pajek 软件将得到的二维持股矩阵经映射转化得到基金的一维邻接矩阵 $M_{m \times m}$，若两只基金同时持有一只重仓股，则认为这两只基金在信息网络中彼此关联，取值为 1，否则取值为 0，此 m 行 m 列邻接矩阵即为某季度基金交易的信息网络。

$$N_{m \times n} = \begin{pmatrix} n_{11} & n_{12} & \cdots & n_{1i} & n_{1n} \\ n_{21} & n_{22} & \cdots & n_{2i} & n_{2n} \\ \vdots & \vdots & \ddots & \vdots & \vdots \\ n_{j1} & n_{j2} & \cdots & \ddots & n_{jn} \\ n_{m1} & n_{m2} & \cdots & n_{mi} & n_{mn} \end{pmatrix}$$

$$M_{m \times m} = \begin{pmatrix} 0 & m_{12} & \cdots & m_{1j} & m_{1m} \\ m_{21} & 0 & \cdots & m_{2j} & m_{2m} \\ \vdots & \vdots & \ddots & \vdots & \vdots \\ m_{j1} & m_{j2} & \cdots & 0 & m_{jm} \\ m_{m1} & m_{m2} & \cdots & m_{mj} & 0 \end{pmatrix}$$

　　图 4-1 是根据基金 2020 年第一季度季报得出的博时文体娱

乐基金的信息网络，博时文体娱乐基金重仓持有 8 只股票，其中三七互娱同时还被其他 37 只基金重仓持有。某一只股票被两只基金分别重仓持有，同时这两只基金又有自己的信息网络，该股票的信息网络为所有基金投资者信息网络的集合。图 4 - 2 是根据基金 2020 年第一季度季报得出的南极电商股票的信息网络，由直接重仓持有南极电商的基金以及各基金的信息网络构成（图中外层圆圈），具体包括汇添富成长焦点混合、汇添富蓝筹稳健混合、华夏成长混合、华宝宝康消费品、华宝事件驱动混合 A、

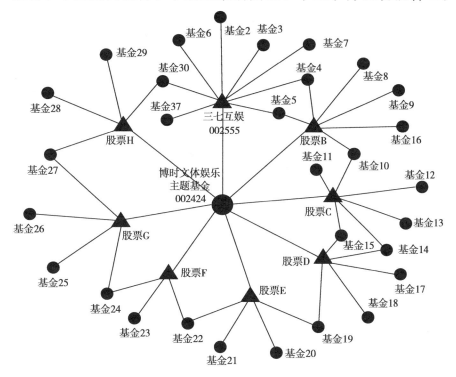

图 4 - 1　博时文体娱乐基金的信息网络

（资料来源：Wind 以及作者根据相关资料整理）

南方品质优选混合 A、汇添富外延增长主题股票 A、南方天元新产业股票、南方隆元产业主题混合、广发制造业精选混合 A 等 10 只基金（图中圆点）。

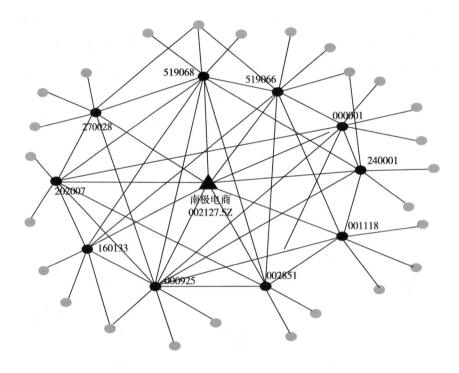

图 4 - 2　南极电商股票的信息网络

（资料来源：Wind 以及作者根据相关资料整理）

3. 研究变量的选择

（1）尾部风险。借鉴 Atilgan 等（2020）、陈守东等（2007）方法，尾部风险 $Tailrisk_{i,t}$ 表示股票 i 在 t 期的尾部风险，用在险价值（Value at Risk，VaR）和期望损失（Expected Shortfall，ES）度量，并进一步分为左尾风险与右尾风险。计算左尾风险时，股票对数日收益率左侧分布的基础上取绝对值，用 $VaR_{5i,t}$、$ES_{5i,t}$ 度量，数值越大，表示极端下跌风险越大；右尾风险则用右侧分布的原值进行测算，用 $VaR_{95i,t}$、$ES_{95i,t}$ 来度量，数值越大，表示极端上涨风险越大。

（2）股票的基金抱团交易指标。已有研究表明，高度聚集的团体支持合作（Assenza 等，2008；Marcoux 和 Lusseau，2013）。基金交易的信息网络规模较大，复杂程度较高，无法准确地识别出抱团交易团体。娄清青等（2020）认为，基金信息网络中行为者交流信息的范围越广，形成小团体的可能性越大。聚类系数可以反映信息网络中行为者的聚集程度，聚集程度越高，聚类系数越大。Blondel 等（2008）开发的 Louvain 算法是针对网络节点聚类的方法之一。社区内节点的连接边数与随机情况下的边数之差，来度量连接的紧密程度，根据连接的紧密程度对基金进行分组，同一组内基金之间连接的紧密程度高于与组外的其他基金之间的连接，自动将某个机构投资者分配到特定的团体中，进行优化整个信息网络的模块度，进一步从基金信息网络中近似估计提取出团体。借鉴 Crane 等（2019）、吴晓晖等（2019）的研究，利用 Pajek 软件中的 Louvain 算法提取出股票的基金抱团交易团体后，根据式（4-1）计算股票的基金抱团交易持股比例 $Cliqueshare_{it}$。

$$Cliqueshare_{it} = \sum_{j=1}^{N} \lambda_{ijt} \cdot 1(Cliquefund_t) \qquad (4-1)$$

式中，λ_{ijt} 表示基金 j 在 t 季度持有股票 i 的股份占股票 i 流通股的比例，$Cliquefund_t$ 是虚拟变量，如果基金 j 属于任意某个基金抱团团体的成员，则取值为 1，否则取值为 0；另外，计算基金抱团团体中每个成员持股比例的平方之和，即基金抱团持股比例的赫芬达尔指数，用 $CliqueH_{it}$ 表示。基金抱团团体成员中持股比例最大成员的持股比例，用 $CliqueTop_{it}$ 表示，来度量基金抱团持股的集中度。

表4-1 各变量定义

变量类型	变量	定义	具体说明
被解释变量	$VaR_{5i,t}$	左尾风险1	某季度股票日回报率升序排列，第5%分位数绝对值数
	$ES_{5i,t}$	左尾风险2	小于或者等于5%分位数回报率的均值的绝对值
	$VaR_{95i,t}$	右尾风险1	某季度股票日回报率升序排列，第95%分位数绝对值
	$ES_{95i,t}$	右尾风险2	大于或者等于95%分位数回报率的均值的绝对值
	$Down_{i,t}$	大幅下跌次数	某季度股票下跌超过7%（5%）的次数
	$Up_{i,t}$	大幅上涨次数	某季度股票下跌超过7%（5%）的次数
解释变量	$Cliqueshare_{i,t-1}$	抱团持股比例	基金抱团团体的持股比例
	$CliqueH_{i,t-1}$	抱团持股比例的赫芬达尔指数	基金抱团团体中每个成员持股比例的平方之和
	$CliqueTop_{i,t-1}$	抱团持股比例最大值	基金抱团团体成员中持股比例最大的持股比例
机制与调节变量	$Density_{i,t-1}$	网络密度	交易网络中节点之间实际"连接"数之和与所有节点理论最大"连接"数之和的比值
	$Eigen\_Center_{i,t-1}$	特征向量中心度	基金抱团交易网络邻接矩阵特征值的最大值
	$Std\_Insholds_{i,t-1}$	持股稳定性	机构季度持股比例的标准差
控制变量	$Lnmarket_{i,t-1}$	公司规模	上市公司流通市值（亿元为单位）取自然对数
	$RoA_{i,t-1}$	总资产收益率	净利润与总资产之比
	$\Delta Asset\_r_{i,t-1}$	总资产增长率	上市公司总资产同比增长率
	$\Delta Srgr_{i,t-1}$	主营业务收入增长率	上市公司主营业务收入同比增长率
	$Mbr_{i,t-1}$	主营业务比率	主营业务利润与总利润之比表示
	$Mom_{i,t-1}$	主营业务利润率	主营业务利润与主营业务收入之比表示

续表

变量类型	变量	定义	具体说明
	$Tat_{i,t-1}$	总资产周转率	营业总收入／［（期初总资产 + 期末总资产）/2］
	$Lev_{i,t-1}$	总资产负债率	上市公司的负债总额除以资产总额
	$ExHsl_{i,t-1}$	超额换手率	当季度平均换手率减去上季度平均换手率
	$Pb_{i,t-1}$	市净率	每股价格除以每股净资产
	$Nliquidity_{i,t-1}$	非流动性	日回报率与日成交额比值取平均值
	$AC_{i,t-1}$	代理成本	管理费用与营业总收入的比值
	$S1\_S2_{i,t-1}$	股权集中度	上市公司的第一大股东与第二大股东持股比例之差

（3）控制变量。借鉴陈新春等（2017）、吴晓晖等（2019）的研究，设定了影响股价尾部风险的系列控制变量，在回归中还控制了季度和行业固定效应。各变量的具体定义如表 4-1 所示。

4. 研究模型

为检验假说，本章建立回归方程如式（4-2）所示。首先检验基金抱团交易持股比例是否对股价尾部风险产生影响，其次进一步检验内在的影响机制。

$$Tailrisk_{i,t} = \beta_0 + \beta_1 Cliqueshare_{i,t-1}(CliqueH_{i,t-1}, CliqueTop_{i,t-1})$$
$$+ \beta_2 Control_{i,t-1} + Industry\_FE + Yearq\_FE + \varepsilon_{i,t}$$

$$(4-2)$$

式中，$Tailrisk_{i,t}$ 是被解释变量，表示股票 i 在 t 期的尾部风险，左尾风险用 $VaR_{5i,t}$、$ES_{5i,t}$ 度量，右尾风险用 $VaR_{95i,t}$、$ES_{95i,t}$ 度量；$Cliqueshare_{i,t}$、$CliqueH_{i,t}$、$CliqueTop_{i,t}$ 是核心解释变量，分别为基金抱团交易持股比例、基金抱团持股比例的赫芬达尔指数、基金抱团持股的集中度；$Control$ 是控制变量集；$Industry\_FE$ 为行业固定效应；$Yearq\_FE$ 为年季度固定效应；β 为回归系数；ε 为随机扰动项。

4.4 实证结果分析

4.4.1 变量的描述性统计

以 2010—2020 年公募基金持股数据和上市公司数据为对象进行变量的描述性统计和相关性分析可知，股价左尾风险 $VaR_{5i,t}$、$ES_{5i,t}$ 的均值分别为 4.721%、5.706%，右尾风险 $VaR_{95i,t}$，$ES_{95i,t}$ 的均值分别为 4.606%、5.82%。从基金抱团交易持股比例 $Cliqueshare_{i,t-1}$ 来看，团体整体持股占流通股比例的均值为 2.4%，最大值为 32.2%。基金抱团交易持股比例 $Cliqueshare_{i,t-1}$、基金抱团交易持股比例的赫芬达尔指数 $Clique-H_{i,t-1}$、最大团体持股比例 $CliqueTop_{i,t-1}$ 都与股价尾部风险指标显著正相关。

表 4-2　　　　主要变量的描述性统计

变量	样本量	均值	中位数	标准差	最小值	最大值
$VaR_{5i,t}$	14621	4.721	4.210	2.126	0.664	10.93
$ES_{5i,t}$	14621	5.706	5.369	2.137	0.788	15.78
$VaR_{95i,t}$	14621	4.606	4.143	2.109	0.247	11.45
$ES_{95i,t}$	14621	5.820	5.561	2.171	0.412	16.18
$S1\_S2_{i,t-1}$	14621	0.244	0.215	0.181	0	0.877
$Nliquidity_{i,t-1}$	14621	0.070	-0.002	4.201	-147.3	386.6

续表

变量	样本量	均值	中位数	标准差	最小值	最大值
$Lev_{i,t-1}$	14621	0.423	0.415	0.200	0.011	0.973
$Tat_{i,t-1}$	14621	0.463	0.356	0.445	0	11.98
$Mom_{i,t-1}$	14621	0.229	0.144	0.261	−0.169	1.011
$Mbr_{i,t-1}$	14621	0.856	0.981	0.304	−0.240	1.329
$AC_{i,t-1}$	14621	0.117	0.086	0.348	0.001	26.62
$\Delta Srgr_{i,t-1}$	14621	0.247	0.179	0.375	−0.424	2.181
$\Delta Asset\_r_{i,t-1}$	14621	0.283	0.172	0.416	−0.149	2.844
$Pb_{i,t}$	14621	5.154	3.835	17.29	0.105	2001
$ExHsl_{i,t-1}$	14621	0.008	−0.012	0.868	−11.35	15.73
$Cliqueshare_{i,t-1}$	14621	0.024	0.013	0.032	0	0.322
$CliqueH_{i,t-1}$	14621	0.064	0.009	0.166	0	3.752
$RoA_{i,t-1}$	14621	0.023	0.019	0.027	−0.263	1.364
$CliqueTop_{i,t-1}$	14621	0.014	0.00	0.017	0	0.194
$Lnmarket_{i,t-1}$	14621	4.940	4.840	1.152	1.384	10.13

数据来源：Wind、Csmar 以及作者整理。

4.4.2　主要变量的相关性分析

表 4 - 3 是回归分析变量的相关系数表。基金抱团交易指标 $Cliqueshare_{i,t-1}$ 与股价尾部风险指标显著正相关，初步支持了本书的假设，基金抱团交易的持股比例越高，股价尾部风险越大。同时，$Cliqueshare_{i,t-1}$ 与基金抱团交易持股比例的赫芬达尔指数 $CliqueH_{i,t-1}$ 抱团团体成员最大持股比例 $CliqueTop_{i,t-1}$ 也显著正相关，可以作为解释变量的替代变量。另外，股价尾部风险的度

量指标 VaR 与 ES 也显著正相关，可以作为被解释变量的替代变量。

表 4 − 3　　　　　　　主要变量的相关系数

变量	(1)	(2)	(3)	(4)	(5)	(6)	(7)
$Cliqueshare_{i,t-1}$	1.000						
$CliqueH_{i,t-1}$	0.787***	1.000					
$CliqueTop_{i,t-1}$	0.808***	0.874***	1.000				
$VaR_{5\,i,t}$	0.062***	0.064***	0.080***	1.000			
$ES_{5\,i,t}$	0.056***	0.055***	0.072***	0.938***	1.000		
$VaR_{95\,i,t}$	0.068***	0.058***	0.076***	0.693***	0.673***	1.000	
$ES_{95\,i,t}$	0.063***	0.054***	0.072***	0.664***	0.665***	0.936***	1.0

4.4.3　基金抱团交易对股价尾部风险的回归结果分析

基金抱团交易的持股比例对股价尾部风险影响的回归分析，其结果如表 4 − 4 所示。根据表 4 − 4，调整 R^2 分别达到 0.616、0.547、0.481、0.443，表明回归模型的拟合程度较高。根据回归结果，抱团交易的持股比例对股价左尾（下跌）与右尾（上涨）风险的回归系数在 1% 的显著性水平下都显著为正，假说 1a 得以验证，即基金抱团交易持股比例越高，股价未来的尾部风险越大。回归结果表明，基金抱团交易的持股比例越大，股价未来的暴涨暴跌风险会越高，基金抱团交易会加剧股价尾部风险。

表 4 - 4   基金抱团交易持股比例与股价尾部风险回归结果

变量	5% 左尾风险		95% 右尾风险	
	（1）	（2）	（3）	（4）
	$VaR_{5\,i,t}$	$ES_{5\,i,t}$	$VaR_{95\,i,t}$	$ES_{95\,i,t}$
$Cliqueshare_{i,t-1}$	2.777 ***	2.615 ***	3.325 ***	3.162 ***
	（7.666）	（6.608）	（7.950）	（7.091）
$Lnmarket_{i,t-1}$	- 0.259 ***	- 0.296 ***	- 0.252 ***	- 0.297 ***
	（- 23.786）	（- 24.815）	（- 20.046）	（- 22.154）
$RoA_{i,t-1}$	- 2.451 ***	- 2.192 ***	1.431 **	1.407 **
	（- 4.622）	（- 3.784）	（2.338）	（2.156）
$ExHsl_{i,t-1}$	0.174 ***	0.179 ***	0.167 ***	0.157 ***
	（13.123）	（12.320）	（10.919）	（9.584）
$Pb_{i,t-1}$	3.83e - 3 ***	4.53e - 3 ***	1.28e - 3	1.12e - 3
	（5.266）	（5.701）	（1.524）	（1.256）
$\Delta Asset\_r_{i,t-1}$	0.162 ***	0.184 ***	0.045	0.092 **
	（5.377）	（5.589）	（1.309）	（2.473）
$\Delta Srgr_{i,t-1}$	0.259 ***	0.318 ***	0.440 ***	0.446 ***
	（7.767）	（8.710）	（11.418）	（10.852）
$AC_{i,t-1}$	0.055 *	0.060 *	0.060	0.060
	（1.715）	（1.700）	（1.626）	（1.517）
$Mbr_{i,t-1}$	- 0.177 ***	- 0.254 ***	- 0.130 *	- 0.233 ***
	（- 2.699）	（- 3.546）	（- 1.713）	（- 2.890）
$Mom_{i,t-1}$	- 0.460 ***	- 0.490 ***	- 0.385 ***	- 0.343 ***
	（- 5.037）	（- 4.913）	（- 3.653）	（- 3.051）
$Tat_{i,t-1}$	- 0.161 ***	- 0.186 ***	- 0.102 ***	- 0.070 *
	（- 4.870）	（- 5.148）	（- 2.667）	（- 1.699）
$Lev_{i,t-1}$	- 0.310 ***	- 0.244 ***	0.133	0.235 **
	（- 4.173）	（- 3.014）	（1.557）	（2.570）
$Nliquidity_{i,t-1}$	6.81e - 4	2.71e - 4	6.88e - 4	- 2.75e - 4
	（0.261）	（0.095）	（0.228）	（- 0.085）

续表

变量	5%左尾风险		95%右尾风险	
	（1）	（2）	（3）	（4）
	$VaR_{5i,t}$	$ES_{5i,t}$	$VaR_{95i,t}$	$ES_{95i,t}$
$S1\_S2_{i,t-1}$	−0.314 *** （−4.913）	−0.385 *** （−5.512）	−0.201 *** （−2.716）	−0.233 *** （−2.961）
Constant	5.515 *** （30.954）	6.511 *** （33.443）	5.745 *** （27.928）	7.139 *** （32.555）
年份	YES	YES	YES	YES
行业	YES	YES	YES	YES
Observations	14621	14621	14621	14621
R − squared	0.616	0.547	0.481	0.443

注：** 、 * 、 * 分别表示在1%、5%、10%的水平上显著，括号内的数值为t统计量。

4.4.4　排除内生性问题

基金抱团交易持股比例与股价尾部风险之间可能存在潜在内生关系，主要原因有以下两点。一是不可观测的异质性，表现为不可观测的公司特定因素可能会同时影响基金抱团交易持股和股价尾部风险，如某个公司可能处于市场热点，或者某个利好政策导致基金抱团交易和股价极端波动，本书在回归分析中考虑了公司个体固定效应，以减轻非时变不可观测的异质性问题，其结果如表4−5所示。根据表4−5，$Cliqueshare_{i,t-1}$的回归系数为正，且在1%水平下显著，表明在控制了不可观测的非时变因素的情况下，基金抱团交易持股比例对股价左尾（下跌）与右尾（上涨）风险的影响依然显著为正。

表4-5 基金抱团交易持股比例对股价尾部风险的回归结果

（考虑公司个体固定效应）

变量	5%左尾风险		95%右尾风险	
	(1)	(2)	(3)	(4)
	$VaR_{5i,t}$	$ES_{5i,t}$	$VaR_{95i,t}$	$ES_{95i,t}$
$Cliqueshare_{i,t-1}$	1.727 *** (4.138)	1.214 *** (2.674)	1.479 *** (2.975)	1.131 ** (2.139)
$Lnmarket_{i,t-1}$	0.205 *** (7.850)	0.240 *** (8.436)	-0.142 *** (-4.570)	-0.138 *** (-4.165)
$RoA_{i,t-1}$	-0.843 (-1.549)	-0.298 (-0.503)	2.260 *** (3.482)	2.220 *** (3.228)
$ExHsl_{i,t-1}$	0.150 *** (11.077)	0.152 *** (10.352)	0.133 *** (8.273)	0.128 *** (7.500)
$Pb_{i,t-1}$	0.031 *** (7.403)	0.036 *** (7.925)	0.012 ** (2.499)	-5.63e-4 (-0.107)
$\Delta Asset\_r_{i,t-1}$	0.067 ** (2.069)	0.067 * (1.912)	-0.144 *** (-3.741)	-0.109 *** (-2.654)
$\Delta Srgr_{i,t-1}$	-0.045 (-1.231)	-0.049 (-1.211)	0.163 *** (3.699)	0.136 *** (2.899)
$AC_{i,t-1}$	0.033 (0.785)	0.019 (0.429)	0.027 (0.553)	-9.82e-3 (-0.186)
$Mbr_{i,t-1}$	-0.052 (-0.718)	-0.123 (-1.576)	-0.046 (-0.532)	-0.124 (-1.363)
$Mom_{i,t-1}$	-0.509 *** (-4.413)	-0.546 *** (-4.349)	-0.475 *** (-3.462)	-0.432 *** (-2.960)
$Tat_{i,t-1}$	-0.127 ** (-2.566)	-0.147 *** (-2.732)	-0.081 (-1.380)	-0.053 (-0.850)
$Lev_{i,t-1}$	-0.800 *** (-5.269)	-0.650 *** (-3.935)	0.133 (0.734)	0.295 (1.536)

续表

变量	5%左尾风险		95%右尾风险	
	（1）	（2）	（3）	（4）
	$VaR_{5i,t}$	$ES_{5i,t}$	$VaR_{95i,t}$	$ES_{95i,t}$
$Nliquidity_{i,t-1}$	-3.74e-4 （-0.152）	-1.34e-3 （-0.502）	-1.34e-3 （-0.459）	-2.95e-3 （-0.948）
$S1\_S2_{i,t-1}$	0.257 （1.360）	0.134 （0.654）	0.299 （1.328）	0.00148 （0.617）
Constant	3.386*** （18.613）	3.991*** （20.174）	5.074*** （23.423）	6.362*** （27.617）
年份	YES	YES	YES	YES
Observations	14621	14621	14621	14621
R-squared	0.631	0.559	0.450	0.404
Number of id	1982	1982	1982	1982

注：***、**、*分别表示在1%、5%、10%的水平上显著，括号内的数值为t统计量。

二是基金抱团交易持股比例与股价尾部风险的正相关关系也可能是由高基金抱团交易持股比例公司与低基金抱团交易持股比例公司之间的系统性差异所引起。比如，高基金抱团交易持股比例公司的某些特征能够提高股价尾部风险。为此，本书构造倾向得分匹配样本进行估计，以减轻变量系统性偏差导致的内生性问题。具体地，首先评估第一阶段的 Logistic 模型，以预测公司属于高基金抱团交易持股比例公司的概率。其中，被解释变量 HighCliqueshare 是一个虚拟变量，当 Cliqueshare 在某季度大于行业第一四分位数时，取值为 1，否则为 0，控制变量是等式（2）中所有的控制变量。第一阶段回归得到 HighCliqueshare 的拟合值是公司属于高基金抱团交易持股比例公司的概率值，即倾向得分值。其次，基于倾向得分在高基金抱团交易持股比例公司和低基金抱团交易持股比例公司之间进行一对一无放回最邻近匹配。通过倾向得分匹配，能够在第二阶段模型中设计出一个拟随机样本，此时，公司股价尾部风险的差异是由基金抱团交易持股比例引起，而不是由公司特征等变量引起。第二阶段模型的回归结果如表 4 – 6 所示，$Cliqueshare_{i,t-1}$ 的回归系数均为正，且在 1% 水平下显著，表明在控制了公司之间系统性偏差导致的内生性问题的情况下，基金抱团交易持股比例对股价左尾（下跌）与右尾（上涨）风险的影响依然显著为正。

表 4 – 6　　　基金抱团交易持股比例对股价尾部风险的回归结果

（基于倾向得分匹配方法）

变量	5% 左尾风险		95% 右尾风险	
	（1）	（2）	（3）	（4）
	$VaR_{5i,t}$	$ES_{5i,t}$	$VaR_{95i,t}$	$ES_{95i,t}$
$Cliqueshare_{i,t-1}$	2.245 ***	2.168 ***	2.884 ***	2.6482 ***
	（5.438）	（4.997）	（5.852）	（5.530）
控制变量	YES	YES	YES	YES
年份	YES	YES	YES	YES
观测值	7256	7256	7256	7256
调整 R^2	0.598	0.525	0.439	0.414

注：*** 、** 、* 分别表示在 1% 、5% 、10% 的水平上显著，括号内的数值为 t 统计量。

4.4.5　稳健性检验

1. 更换解释变量与被解释变量

在研究设计过程中，股价尾部风险不仅选择了在险价值指标 VaR，而且考虑了期望损失指标 ES，研究结果具有一定的稳健性。为了更进一步进行稳健性检验，借鉴吴晓晖等（2019）、孔东明和王江元（2016）的研究，采用基金抱团团体的持股集中度赫芬达尔指数 $CliqueH_{i,t-1}$ 与基金抱团团体中的持股比例最大团体成员的持股比例 $CliqueTop_{i,t-1}$ 作为基金抱团交易持股比例的代理变量。本书更换解释变量回归结果如表 4-7 和表 4-8 所示。结果显示，基金抱团交易对股价尾部风险的影响依然显著为正。进一步更换被解释变量，采用股价涨跌幅超过 5%、7% 的次数作为股价尾部风险的代理指标。根据表 4-9，基金抱团交易对股价极端尾部风险的影响仍然显著为正。

表 4-7　　　　　　稳健性检验：更换解释变量

（$CliqueTop_{i,t-1}$：抱团团体成员的最大持股比例）

变量	5% 左尾风险		95% 右尾风险	
	（1）	（2）	（3）	（4）
	$VaR_{5i,t}$	$ES_{5i,t}$	$VaR_{95i,t}$	$ES_{95i,t}$
$CliqueTop_{i,t-1}$	2.745 *** (3.904)	2.232 *** (2.906)	3.630 *** (4.472)	3.529 *** (4.080)
$Lnmarket_{i,t-1}$	-0.251 *** (-22.184)	-0.290 *** (-23.403)	-0.241 *** (-18.443)	-0.286 *** (-20.547)
$RoA_{i,t-1}$	-2.330 *** (-4.385)	-2.07 *** (-3.575)	1.580 ** (2.572)	1.540 ** (2.365)
$ExHsl_{i,t-1}$	0.173 *** (12.999)	0.177 *** (12.188)	0.166 *** (10.822)	0.156 *** (9.507)
$Pb_{i,t-1}$	3.89e-3 *** (5.336)	4.60e-3 *** (5.771)	1.34e-3 (1.594)	1.18e-3 (1.316)
$\Delta Asset\_r_{i,t-1}$	0.177 *** (5.896)	0.199 *** (6.077)	0.063 * (1.808)	0.108 *** (2.914)
$\Delta Srgr_{i,t-1}$	0.269 *** (8.067)	0.328 *** (8.990)	0.451 *** (11.709)	0.457 *** (11.111)

续表

变量	5%左尾风险		95%右尾风险	
	（1）	（2）	（3）	（4）
	$VaR_{5i,t}$	$ES_{5i,t}$	$VaR_{95i,t}$	$ES_{95i,t}$
$AC_{i,t-1}$	0.056 *	0.061 *	0.062 *	0.062
	(1.751)	(1.731)	(1.666)	(1.553)
$Mbr_{i,t-1}$	−0.174 ***	−0.251 ***	−0.127 *	−0.230 ***
	(−2.657)	(−3.507)	(−1.671)	(−2.852)
$Mom_{i,t-1}$	−0.444 ***	−0.474 ***	−0.367 ***	−0.326 ***
	(−4.858)	(−4.747)	(−3.479)	(−2.899)
$Tat_{i,t-1}$	−0.155 ***	−0.180 ***	−0.095 **	−0.063
	(−4.679)	(−4.969)	(−2.485)	(−1.540)
$Lev_{i,t-1}$	−0.316 ***	−0.252 ***	0.127	0.229 **
	(−4.256)	(−3.105)	(1.477)	(2.501)
$Nliquidity_{i,t-1}$	6.98e−4	2.79e−4	7.18e−4	−2.45e−4
	(0.267)	(0.097)	(0.238)	(−0.076)
$S1\_S2_{i,t-1}$	−0.342 ***	−0.412 ***	−0.233 ***	−0.264 ***
	(−5.347)	(−5.893)	(−3.162)	(−3.360)
Constant	5.498 ***	6.509 ***	5.708 ***	7.102 ***
	(30.454)	(33.011)	(27.393)	(31.974)
年份	YES	YES	YES	YES
行业	YES	YES	YES	YES
Observations	14621	14621	14621	14621
R − squared	0.615	0.546	0.479	0.441

表 4 − 8　　　　　稳健性检验：更换解释变量

（$CliqueH_{i,t-1}$：抱团持股的赫芬达尔指数）

变量	5%左尾风险		95%右尾风险	
	（1）	（2）	（3）	（4）
	$VaR_{5i,t}$	$ES_{5i,t}$	$VaR_{95i,t}$	$ES_{95i,t}$
$CliqueH_{i,t-1}$	0.259 ***	0.192 **	0.273 ***	0.249 ***
	(3.698)	(2.513)	(3.386)	(2.898)

续表

变量	5%左尾风险		95%右尾风险	
	(1)	(2)	(3)	(4)
	$VaR_{5i,t}$	$ES_{5i,t}$	$VaR_{95i,t}$	$ES_{95i,t}$
$Lnmarket_{i,t-1}$	-0.256^{***}	-0.294^{***}	-0.249^{***}	-0.294^{***}
	(-23.061)	(-24.246)	(-19.449)	(-21.578)
$RoA_{i,t-1}$	-2.318^{***}	-2.064^{***}	1.592^{***}	1.560^{**}
	(-4.368)	(-3.561)	(2.597)	(2.390)
$ExHsl_{i,t-1}$	0.173^{***}	0.177^{***}	0.165^{***}	0.155^{***}
	(12.993)	(12.168)	(10.761)	(9.440)
$Pb_{i,t-1}$	$3.91e-3^{***}$	$4.61e-3^{***}$	$1.37e-3$	$1.22e-3$
	(5.359)	(5.791)	(1.632)	(1.355)
$\Delta Asset\_r_{i,t-1}$	0.177^{***}	0.200^{***}	0.0655^{*}	0.111^{***}
	(5.903)	(6.101)	(1.888)	(3.002)
$\Delta Srgr_{i,t-1}$	0.271^{***}	0.330^{***}	0.455^{***}	0.460^{***}
	(8.129)	(9.045)	(11.804)	(11.203)
$AC_{i,t-1}$	0.056^{*}	0.061^{*}	0.062^{*}	0.061
	(1.750)	(1.729)	(1.662)	(1.549)
$Mbr_{i,t-1}$	-0.175^{***}	-0.252^{***}	-0.127^{*}	-0.231^{***}
	(-2.667)	(-3.514)	(-1.678)	(-2.857)
$Mom_{i,t-1}$	-0.443^{***}	-0.472^{***}	-0.363^{***}	-0.322^{***}
	(-4.844)	(-4.732)	(-3.444)	(-2.863)
$Tat_{i,t-1}$	-0.155^{***}	-0.180^{***}	-0.094^{**}	-0.062
	(-4.682)	(-4.963)	(-2.460)	(-1.511)
$Lev_{i,t-1}$	-0.317^{***}	-0.254^{***}	0.123	0.224^{**}
	(-4.271)	(-3.125)	(1.429)	(2.450)
$Nliquidity_{i,t-1}$	$6.88e-4$	$2.66e-4$	$6.88e-4$	$-2.78e-4$
	(0.263)	(0.093)	(0.228)	(-0.086)
$S1\_S2_{i,t-1}$	-0.344^{***}	-0.414^{***}	-0.237^{***}	-0.267^{***}
	(-5.383)	(-5.920)	(-3.203)	(-3.397)

续表

变量	5% 左尾风险		95% 右尾风险	
	（1）	（2）	（3）	（4）
	$VaR_{5i,t}$	$ES_{5i,t}$	$VaR_{95i,t}$	$ES_{95i,t}$
Constant	5. 553 ***	6. 559 ***	5. 799 ***	7. 194 ***
	（31. 064）	（33. 588）	（28. 092）	（32. 697）
年份	YES	YES	YES	YES
行业	YES	YES	YES	YES
Observations	14621	14621	14621	14621
R – squared	0. 615	0. 545	0. 479	0. 441

表 4 – 9　稳健性检验：更换被解释变量（股价大幅涨跌次数）

变量	左尾风险		右尾风险	
	（1）	（2）	（3）	（4）
	$Down7_{i,t}$	$Down5_{i,t}$	$Up7_{i,t}$	$Up5_{i,t}$
$Cliqueshare_{i,t-1}$	2. 726 ***	4. 037 ***	2. 910 ***	5. 108 ***
	（7. 670）	（8. 163）	（6. 326）	（7. 721）
$Lnmarket_{i,t-1}$	− 0. 151 ***	− 0. 264 ***	− 0. 242 ***	− 0. 385 ***
	（ − 14. 096）	（ − 17. 728）	（ − 17. 498）	（ − 19. 341）
$RoA_{i,t-1}$	− 2. 288 ***	− 2. 641 ***	0. 569	1. 400
	（ − 4. 398）	（ − 3. 649）	（0. 845）	（1. 446）
$ExHsl_{i,t-1}$	0. 155 ***	0. 281 ***	0. 168 ***	0. 253 ***
	（11. 864）	（15. 484）	（9. 965）	（10. 440）
$Pb_{i,t-1}$	3. 65e – 3 ***	8. 56e – 3 ***	1. 32e – 3	5. 67e – 3 ***
	（5. 105）	（8. 609）	（1. 423）	（4. 267）
$\Delta Asset\_r_{i,t-1}$	0. 050 *	0. 081 **	− 0. 014	0. 058
	（1. 696）	（1. 971）	（ − 0. 357）	（1. 057）
$\Delta Srgr_{i,t-1}$	0. 169 ***	0. 336 ***	0. 365 ***	0. 600 ***
	（5. 174）	（7. 380）	（8. 619）	（9. 841）
$AC_{i,t-1}$	0. 031	0. 040	0. 032	0. 042
	（0. 971）	（0. 905）	（0. 782）	（0. 712）

续表

变量	左尾风险		右尾风险	
	（1）	（2）	（3）	（4）
	$Down7_{i,t}$	$Down5_{i,t}$	$Up7_{i,t}$	$Up5_{i,t}$
$Mbr_{i,t-1}$	− 0.127 **	− 0.240 ***	− 0.122	− 0.248 **
	（− 1.979）	（− 2.679）	（− 1.461）	（− 2.074）
$Mom_{i,t-1}$	− 0.626 ***	− 0.706 ***	− 0.605 ***	− 0.617 ***
	（− 6.990）	（− 5.664）	（− 5.220）	（− 3.704）
$Tat_{i,t-1}$	− 0.134 ***	− 0.190 ***	− 0.097 **	− 0.179 ***
	（− 4.127）	（− 4.207）	（− 2.320）	（− 2.964）
$Lev_{i,t-1}$	− 0.458 ***	− 0.637 ***	− 0.024	0.082
	（− 6.289）	（− 6.294）	（− 0.253）	（0.607）
$Nliquidity_{i,t-1}$	1.39e − 3 ***	1.11e − 2 ***	6.43e − 3 *	6.14e − 3
	（5.409）	（3.106）	（1.937）	（1.286）
$S1\_S2_{i,t-1}$	− 0.090	− 0.279 ***	− 0.079	− 0.251 **
	（− 1.434）	（− 3.196）	（− 0.097）	（− 2.147）
Constant	1.460 ***	2.772 ***	2.531 ***	4.556 ***
	（8.351）	（11.395）	（11.186）	（13.999）
年份	YES	YES	YES	YES
行业	YES	YES	YES	YES
Observations	14621	14621	14621	14621
R − squared	0.741	0.699	0.488	0.498

2. 子样本检验

2015 年市场的特殊交易机制如场内融资、场外配资、上市公司股权质押和强平机制等共同诱发了当年的股市暴涨暴跌，也触发了系统性流动性危机，无论是极端上涨还是极端下跌的风险值都显著高于其他年份（陈新春等，2017）。另外，2020 年，机构投资者抱团交易现象更为突出，因此本书选择 2015 年与 2020 年两个年度的研究样本，控制股票流动性指标，进一步探讨基金抱团交易的持股比例对股价尾部风险的影响，回归结果如表 4 – 8、表 4 – 9 所示。根据表 4 – 10 和表 4 – 11，2015 年基金的抱团交易对股票极端上涨风险的影响要大于对极端下跌风险的影响。与全样本比较，对 2015 年的极端下跌风险的影响系数从数值上来看，并不存在显著差异，主要原因在于 2015 年股市极端下跌风险源于流动性紧缺导致的股价崩盘。2020 年，从回归系数来看，基金的抱团交易对股价尾部风险的影响系数更高，对股价极端上涨风险的影响也要大于股价极端下跌风险。子样本检验的回归结果表明，基金抱团交易行为对股价极端尾部风险的影响显著为正的结论依然稳健。

表 4 – 10　　稳健性检验：子样本（2020 年四个季度样本）

变量	5% 左尾风险		95% 右尾风险	
	（1）	（2）	（3）	（4）
	$VaR_{5i,t}$	$ES_{5i,t}$	$VaR_{95i,t}$	$ES_{95i,t}$
$Cliqueshare_{i,t-1}$	6. 325 ***	6. 736 ***	8. 747 ***	8. 875 ***
	（4. 847）	（4. 522）	（5. 217）	（4. 994）
$Lnmarket_{i,t-1}$	− 0. 150 ***	− 0. 195 ***	− 0. 215 ***	− 0. 274 ***
	（ − 5. 424）	（ − 6. 161）	（ − 6. 036）	（ − 7. 253）
$RoA_{i,t-1}$	− 0. 546	1. 410	0. 695	0. 803
	（ − 0. 384）	（0. 871）	（0. 380）	（0. 415）
$ExHsl_{i,t-1}$	0. 148 ***	0. 156 ***	0. 164 ***	0. 193 ***
	（4. 465）	（4. 126）	（3. 848）	（4. 281）
$Pb_{i,t-1}$	0. 073 ***	0. 087 ***	0. 027 ***	0. 029 ***
	（11. 068）	（11. 602）	（3. 197）	（3. 289）
$\Delta Asset\_r_{i,t-1}$	0. 207 **	0. 188 *	0. 062	0. 156
	（2. 220）	（1. 767）	（0. 516）	（1. 233）
$\Delta Srgr_{i,t-1}$	0. 640 ***	0. 797 ***	0. 946 ***	1. 030 ***
	（6. 219）	（6. 787）	（7. 157）	（7. 336）

续表

变量	5%左尾风险		95%右尾风险	
	（1）	（2）	（3）	（4）
	$VaR_{5i,t}$	$ES_{5i,t}$	$VaR_{95i,t}$	$ES_{95i,t}$
$AC_{i,t-1}$	0.044	0.032	0.204	0.375*
	（0.284）	（0.183）	（1.031）	（1.787）
$Mbr_{i,t-1}$	0.513	0.747*	−0.011	0.060
	（1.316）	（1.679）	（−0.222）	（0.114）
$Mom_{i,t-1}$	−1.640***	−1.940***	−1.430***	−1.280***
	（−5.291）	（−5.486）	（−3.582）	（−3.026）
$Tat_{i,t-1}$	−0.547***	−0.647***	−0.541***	−0.398***
	（−4.843）	（−5.015）	（−3.728）	（−2.591）
$Lev_{i,t-1}$	−0.011	−0.131	0.771***	0.616**
	（−0.051）	（−0.536）	（2.800）	（2.111）
$Nliquidity_{i,t-1}$	0.210	0.132	1.090**	0.488
	（0.613）	（0.336）	（2.469）	（1.043）
$S1\_S2_{i,t-1}$	−0.149	−0.151	0.059	−0.049
	（−0.851）	（−0.758）	（0.264）	（−0.207）
Constant	3.779***	4.626***	5.461***	6.736***
	（7.551）	（8.098）	（8.494）	（9.885）
年份	YES	YES	YES	YES
行业	YES	YES	YES	YES
Observations	2162	2162	2162	2162
R−squared	0.400	0.396	0.199	0.218

表4−11　稳健性检验：子样本（2015年四个季度样本）

变量	5%左尾风险		95%右尾风险	
	（1）	（2）	（3）	（4）
	$VaR_{5i,t}$	$ES_{5i,t}$	$VaR_{95i,t}$	$ES_{95i,t}$
$Cliqueshare_{i,t-1}$	2.535***	2.320***	6.169***	5.106***
	（2.740）	（2.704）	（5.054）	（5.010）

续表

变量	5% 左尾风险		95% 右尾风险	
	（1）	（2）	（3）	（4）
	$VaR_{5i,t}$	$ES_{5i,t}$	$VaR_{95i,t}$	$ES_{95i,t}$
$Lnmarket_{i,t-1}$	-0.420 ***	-0.334 ***	-0.543 ***	-0.451 ***
	(-12.408)	(-10.655)	(-12.160)	(-12.099)
$RoA_{i,t-1}$	-3.130 ***	-2.300 **	-2.060	-1.240
	(-2.834)	(-2.247)	(-1.414)	(-1.017)
$ExHsl_{i,t-1}$	0.106 ***	0.128 ***	0.263 ***	0.217 ***
	(3.444)	(4.488)	(6.480)	(6.385)
$Pb_{i,t-1}$	$1.35e-3$	$1.23e-3$	$7.88e-4$	$-1.48e-5$
	(1.404)	(1.381)	(0.623)	(-0.014)
$\Delta Asset\_r_{i,t-1}$	0.169 **	0.106	0.292 ***	0.301 ***
	(2.009)	(1.359)	(2.630)	(3.245)
$\Delta Srgr_{i,t-1}$	0.105	0.101	0.271 **	0.130
	(1.259)	(1.310)	(2.460)	(1.413)
$AC_{i,t-1}$	0.890 ***	0.622 **	0.134	0.169
	(3.337)	(2.518)	(0.382)	(0.577)
$Mbr_{i,t-1}$	-0.152	-0.168	-0.404	-0.365
	(-0.755)	(-0.902)	(-1.522)	(-1.645)
$Mom_{i,t-1}$	-0.399 **	-0.378 ***	-0.425 **	-0.359 **
	(-2.539)	(-2.597)	(-2.054)	(-2.075)
$Tat_{i,t-1}$	-0.102	-0.129 *	-0.248 **	-0.183 **
	(-1.302)	(-1.774)	(-2.403)	(-2.119)
$Lev_{i,t-1}$	0.026	0.171	-0.322	-0.107
	(0.136)	(0.964)	(-1.277)	(-0.511)
$Nliquidity_{i,t-1}$	$-6.52e-4$	$-5.12e-4$	$6.80e-5$	$-2.87e-4$
	(-0.256)	(-0.217)	(0.020)	(-0.103)
$S1\_S2_{i,t-1}$	0.059	0.058	0.182	0.083
	(0.341)	(0.366)	(0.800)	(0.435)

续表

变量	5%左尾风险		95%右尾风险	
	(1)	(2)	(3)	(4)
	$VaR_{5i,t}$	$ES_{5i,t}$	$VaR_{95i,t}$	$ES_{95i,t}$
Constant	5.642 ***	6.521 ***	8.409 ***	9.342 ***
	(15.864)	(19.783)	(17.929)	(23.853)
年份	YES	YES	YES	YES
行业	YES	YES	YES	YES
Observations	1822	1822	1822	1822
R - squared	0.782	0.731	0.520	0.481

4.5　本章小结

本章以 2010—2021 年公募基金重仓持股数据为研究样本，基于信息网络算法，提取出机构投资者抱团交易持股比例。探讨了基金抱团交易的持股比例对股价尾部风险的影响，研究发现：第一，基金抱团交易的持股比例越高，股价未来的极端上涨与下跌风险越大；第二，通过个体固定效应模型、倾向得分匹配方法，以减轻非时变不可观测的异质性问题，发现基金抱团交易的持股比例加剧股价尾部风险的结论依然成立；第三，进一步更换解释变量与被解释变量，以及利用 2015 年、2020 年市场剧烈波动子样本进行进一步检验，结论依然稳健。

第 5 章　影响机制分析

本章进一步从信息传递效率、机构持股稳定性、被抱团股票所处信息网络的位置以及企业的性质四个角度来进行内在的影响机制分析。

5.1　信息传递效率的影响机制

借鉴 Pareek（2012）与肖欣荣等（2012）的方法，构建基金重仓股的信息网络，提取出基金重仓股的网络密度。网络密度表示网络整体联系的疏密程度，网络密度越大，网络信息的交流和传递速度越快，信息传递的效率越高，会减缓股价波动的尾部风险。从表 5-1 的回归结果来看，基金"抱团"持股 $Cliqueshare_{i,t-1}$ 对网络密度 $Density_{i,t-1}$ 的影响显著为负，网络密度 $Density_{i,t-1}$ 对股价尾部风险的影响也显著为负，说明基金抱团交易降低了信息传递的效率，进一步加剧了股价尾部风险。

表 5-1　　　　　影响机制分析：信息传递效率的影响机制

变量	机制变量	5% 左尾风险		95% 右尾风险	
	（1）	（2）	（3）	（4）	（5）
	$Density_{i,t-1}$	$VaR_{5i,t}$	$ES_{5i,t}$	$VaR_{95i,t}$	$ES_{95i,t}$
$Density_{i,t-1}$		−0.211 *** （−5.844）	−0.208 *** （−5.273）	−0.248 *** （−5.956）	−0.232 *** （−5.207）

基金抱团交易、尾部风险与资产定价

续表

变量	机制变量	5%左尾风险		95%右尾风险	
	(1)	(2)	(3)	(4)	(5)
	$Density_{i,t-1}$	$VaR_{5i,t}$	$ES_{5i,t}$	$VaR_{95i,t}$	$ES_{95i,t}$
$Cliqueshare_{i,t-1}$	-2.790 ***	2.188 ***	2.034 ***	2.631 ***	2.515 ***
	(-33.608)	(5.824)	(4.956)	(6.069)	(5.440)
$Lnmarket_{i,t-1}$	-0.104 ***	-0.281 ***	-0.317 ***	-0.278 ***	-0.321 ***
	(-41.754)	(-24.415)	(-25.197)	(-20.914)	(-22.657)
$RoA_{i,t-1}$	-0.513 ***	-2.56 ***	-2.30 ***	1.30 **	1.29 **
	(-4.217)	(-4.829)	(-3.969)	(2.131)	(1.975)
$ExHsl_{i,t-1}$	-4.58e-3	0.173 ***	0.178 ***	0.166 ***	0.156 ***
	(-1.504)	(13.064)	(12.265)	(10.857)	(9.527)
$Pb_{i,t-1}$	1.13e-4	3.86e-3 ***	4.56e-3 ***	1.31e-3	1.15e-3
	(0.678)	(5.305)	(5.736)	(1.559)	(1.286)
$\Delta Asset\_r_{i,t-1}$	-0.018 **	0.158 ***	0.180 ***	0.041	0.087 **
	(-2.553)	(5.259)	(5.482)	(1.185)	(2.365)
$\Delta Srgr_{i,t-1}$	-9.83e-3	0.257 ***	0.316 ***	0.437 ***	0.444 ***
	(-1.285)	(7.713)	(8.661)	(11.367)	(10.805)
$AC_{i,t-1}$	-0.026 ***	0.050	0.054	0.054	0.054
	(-3.460)	(1.549)	(1.550)	(1.457)	(1.369)
$Mbr_{i,t-1}$	-0.035 **	-0.184 ***	-0.261 ***	-0.138 *	-0.241 ***
	(-2.345)	(-2.816)	(-3.651)	(-1.830)	(-2.994)
$Mom_{i,t-1}$	-0.067 ***	-0.474 ***	-0.504 ***	-0.401 ***	-0.358 ***
	(-3.218)	(-5.197)	(-5.056)	(-3.815)	(-3.191)
$Tat_{i,t-1}$	-0.009	-0.163 ***	-0.188 ***	-0.104 ***	-0.071 *
	(-1.124)	(-4.930)	(-5.201)	(-2.726)	(-1.749)
$Lev_{i,t-1}$	-0.057 **	-0.321 ***	-0.256 ***	0.119	0.222 **
	(-3.323)	(-4.337)	(-3.161)	(1.394)	(2.428)
$Nliquidity_{i,t-1}$	2.06e-4	6.38e-4	2.29e-4	6.37e-4	-3.22e-4
	(-0.344)	(0.244)	(0.080)	(0.211)	(-0.100)

续表

变量	机制变量	5%左尾风险		95%右尾风险	
	（1）	（2）	（3）	（4）	（5）
	$Density_{i,t-1}$	$VaR_{5i,t}$	$ES_{5i,t}$	$VaR_{95i,t}$	$ES_{95i,t}$
$S1\_S2_{i,t-1}$	0.061 ***	-0.301 ***	-0.373 ***	-0.185 **	-0.219 ***
	(4.148)	(-4.715)	(-5.332)	(-2.513)	(-2.783)
Constant	1.288 ***	5.787 ***	6.779 ***	6.065 ***	7.438 ***
	(31.541)	(31.460)	(33.719)	(28.558)	(32.842)
年份	YES	YES	YES	YES	YES
行业	YES	YES	YES	YES	YES
Observations	14621	14621	14621	14621	14621
R-squared	0.205	0.617	0.547	0.482	0.444

5.2　持股稳定性的影响机制

　　国外研究学者 Elyasiani 等 （2010）、Callen 和 Fang （2013）用机构投资者近五年季度持股比例的标准差来度量股票的机构投资者持股稳定性。国内研究学者朱会芳 （2019）、杨棉之（2016）、孔东民等 （2019）用近三年机构季度持股比例标准差，来表示机构投资者的持股稳定性。本书借鉴孔东民等 （2019） 的方法，对于股票的机构投资者持股稳定性用近三年机构投资者的季度持股比例标准差来度量，机构投资者季度持股比例标准差越大，说明机构持股稳定性越差。稳定的机构投资者会倾向于影响公司治理，注重公司长远业绩的改善，而以交易为目的的机构投资者则更倾向于通过交易行为影响股票价格。从表 5-2 的回归结果来看，基金抱团持股 $Cliqueshare_{i,t-1}$ 对机构投资者季度持股比例标准差 $Std\_G\_share_{i,t-1}$ 的影响显著为正，机构投资者季度持股比例标准差 $Std\_G\_share_{i,t-1}$ 对股价尾部风险的影响系数也显著为正，说明基金抱团交易降低了机构投资者持股的稳定性，从而加剧股价尾部风险。

表5－2　　　　　影响机制分析：持股稳定性的影响机制

变量	机制变量	5% 左尾风险		95% 右尾风险	
	(1)	(2)	(3)	(4)	(5)
	$Std\_G\_share_{i,t-1}$	$VaR_{5i,t}$	$ES_{5i,t}$	$VaR_{95i,t}$	$ES_{95i,t}$
$Std\_G\_share_{i,t-1}$		0.815 ***	0.823 ***	1.049 ***	1.264 ***
		(4.361)	(4.032)	(4.866)	(5.497)
$Cliqueshare_{i,t-1}$	0.232 ***	2.588 ***	2.424 ***	3.081 ***	2.868 ***
	(14.441)	(7.098)	(6.085)	(7.322)	(6.395)
$Lnmarket_{i,t-1}$	− 0.013 ***	− 0.249 ***	− 0.285 ***	− 0.239 ***	− 0.281 ***
	(− 26.476)	(− 22.312)	(− 23.387)	(− 18.552)	(− 20.482)
$RoA_{i,t-1}$	0.098 ***	− 2.53 ***	− 2.27 ***	1.33 **	1.28 **
	(4.171)	(− 4.773)	(− 3.923)	(2.170)	(1.967)
$ExHsl_{i,t-1}$	− 2.87e − 3 ***	0.177 ***	0.181 ***	0.170 ***	0.160 ***
	(− 4.876)	(13.296)	(12.480)	(11.115)	(9.808)
$Pb_{i,t-1}$	− 1.57e − 5	3.85e − 3 ***	4.55e − 3 ***	1.30e − 3	1.14e − 3
	(− 0.485)	(5.287)	(5.720)	(1.545)	(1.279)
$\Delta Asset\_r_{i,t-1}$	6.02e − 3 ***	0.157 ***	0.179 ***	0.039	0.084 **
	(4.519)	(5.214)	(5.437)	(1.127)	(2.268)
$\Delta Srgr_{i,t-1}$	0.012 ***	0.250 ***	0.308 ***	0.428 ***	0.431 ***
	(7.776)	(7.475)	(8.437)	(11.090)	(10.487)
$AC_{i,t-1}$	2.16e − 3	0.053 *	0.058 *	0.058	0.057
	(1.513)	(1.661)	(1.650)	(1.567)	(1.450)
$Mbr_{i,t-1}$	7.16e − 3 **	− 0.183 ***	− 0.260 ***	− 0.137 *	− 0.242 ***
	(2.465)	(− 2.790)	(− 3.630)	(− 1.813)	(− 3.005)

续表

变量	机制变量	5%左尾风险		95%右尾风险	
	(1)	(2)	(3)	(4)	(5)
	$Std\_G\_share_{i,t-1}$	$VaR_{5i,t}$	$ES_{5i,t}$	$VaR_{95i,t}$	$ES_{95i,t}$
$Mom_{i,t-1}$	0.017 ***	− 0.474 ***	− 0.504 ***	− 0.403 ***	− 0.364 ***
	(4.257)	(− 5.191)	(− 5.054)	(− 3.825)	(− 3.246)
$Tat_{i,t-1}$	2.01e − 4	− 0.161 ***	− 0.186 ***	− 0.102 ***	− 0.0694 *
	(0.137)	(− 4.878)	(− 5.155)	(− 2.675)	(− 1.707)
$Lev_{i,t-1}$	− 4.68e − 5	− 0.306 ***	− 0.240 ***	0.138	0.241 ***
	(− 1.423)	(− 4.124)	(− 2.968)	(1.615)	(2.638)
$Nliquidity_{i,t-1}$	− 1.41e − 5	6.93e − 4	2.83e − 4	7.03e − 4	− 2.57e − 4
	(− 0.122)	(0.265)	(0.099)	(0.233)	(− 0.080)
$S1\_S2_{i,t-1}$	0.015 ***	− 0.326 ***	− 0.397 ***	− 0.216 ***	− 0.251 ***
	(5.097)	(− 5.096)	(− 5.680)	(− 2.921)	(− 3.194)
Constant	0.165 ***	5.381 ***	6.375 ***	5.571 ***	6.931 ***
	(20.914)	(29.773)	(32.280)	(26.708)	(31.170)
年份	YES	YES	YES	YES	YES
行业	YES	YES	YES	YES	YES
Observations	14621	14621	14621	14621	14621
R − squared	0.149	0.617	0.547	0.481	0.444

5.3　信息网络位置的影响

本章采用特征向量中心性来度量被抱团交易股票所处网络位置的调节效应。特征向量中心性不仅简单计算出机构联结的数量，而且还对机构的中心性进行加权求和；特征向量中心性越高，机构传递、提取信息的效率越高，因为通过其他机构传递的信息处在网络中的位置更靠近中心、更灵通；个体特征向量中心性越高，与其他处在网络边缘个体的联结越强，对他们的影响越大。计算公式为 $e_i = \lambda \sum_{j=1}^{N} X_{ij} e_j$，其中 λ 为常数，等于邻接矩阵最大的特征值。从表 5-3 的回归结果来看，特征向量中心性与基金抱团持股的交乘项 $Eigen\_Center_{i,t-1} \times Cliqueshare_{i,t-1}$ 对左尾风险 VaR 与 ES 的回归系数分别为 2.073 和 2.374，对右尾风险 VaR 与 ES 的回归系数分别为 2.584 和 1.226，在 1% 的显著性水平下显著为正，说明在利益驱动下，基金抱团交易网络中的位置优势与差异，也会影响被抱团股票的尾部风险，越是处于信息网络中心位置的股票，基金抱团交易对股票极端下跌与上涨风险的影响越大。

表 5-3　　　　　　　　　　调节效应：信息网络位置的影响

变量	5% 左尾风险		95% 右尾风险	
	(1)	(2)	(3)	(4)
	$VaR_{5i,t}$	$ES_{5i,t}$	$VaR_{95i,t}$	$ES_{95i,t}$
$Cliqueshare_{i,t-1}$	2.077 ***	1.739 ***	2.317 ***	2.652 ***
	(4.193)	(3.215)	(4.054)	(4.350)
$Eigen\_Center_{i,t-1} \times$ $Cliqueshare_{i,t-1}$	10.79 **	13.50 **	15.52 ***	7.855
	(2.073)	(2.374)	(2.584)	(1.226)
$Lnmarket_{i,t-1}$	-0.267 ***	-0.305 ***	-0.263 ***	-0.303 ***
	(-23.190)	(-24.262)	(-19.815)	(-21.370)
$RoA_{i,t-1}$	-2.487 ***	-2.237 ***	1.379 **	1.381 **
	(-4.688)	(-3.860)	(2.253)	(2.115)
$ExHsl_{i,t-1}$	0.173 ***	0.178 ***	0.166 ***	0.156 ***
	(13.045)	(12.234)	(10.826)	(9.537)
$Pb_{i,t-1}$	3.84e-3 ***	4.54e-3 ***	1.29e-3	1.13e-3
	(5.274)	(5.710)	(1.533)	(1.260)

续表

变量	5%左尾风险		95%右尾风险	
	（1）	（2）	（3）	（4）
	$VaR_{5i,t}$	$ES_{5i,t}$	$VaR_{95i,t}$	$ES_{95i,t}$
$\Delta Asset\_r_{i,t-1}$	0. 161 ***	0. 183 ***	0. 044	0. 091 **
	（5. 353）	（5. 562）	（1. 279）	（2. 459）
$\Delta Srgr_{i,t-1}$	0. 259 ***	0. 317 ***	0. 440 ***	0. 446 ***
	（7. 761）	（8. 703）	（11. 412）	（10. 848）
$AC_{i,t-1}$	5. 49e - 2 *	5. 95e - 2 *	6. 01e - 2	5. 99e - 2
	（1. 708）	（1. 693）	（1. 618）	（1. 513）
$Mbr_{i,t-1}$	- 0. 177 ***	- 0. 255 ***	- 0. 130 *	- 0. 234 ***
	（ - 2. 709）	（ - 3. 558）	（ - 1. 725）	（ - 2. 896）
$Mom_{i,t-1}$	- 0. 460 ***	- 0. 490 ***	- 0. 385 ***	- 0. 343 ***
	（ - 5. 039）	（ - 4. 915）	（ - 3. 655）	（ - 3. 052）
$Tat_{i,t-1}$	- 0. 162 ***	- 0. 188 ***	- 0. 104 ***	- 0. 0701 *
	（ - 4. 909）	（ - 5. 193）	（ - 2. 717）	（ - 1. 722）
$Lev_{i,t-1}$	- 0. 309 ***	- 0. 244 ***	0. 134	0. 235 **
	（ - 4. 167）	（ - 3. 006）	（1. 566）	（2. 575）
$Nliquidity_{i,t-1}$	6. 58e - 4	2. 42e - 4	6. 55e - 4	- 2. 92e - 4
	（0. 252）	（0. 085）	（0. 217）	（ - 0. 091）
$S1\_S2_{i,t-1}$	- 0. 305 ***	- 0. 373 ***	- 0. 187 **	- 0. 226 ***
	（ - 4. 752）	（ - 5. 329）	（ - 2. 525）	（ - 2. 866）
Constant	5. 551 ***	6. 555 ***	5. 796 ***	7. 165 ***
	（31. 014）	（33. 522）	（28. 053）	（32. 524）
年份	YES	YES	YES	YES
行业	YES	YES	YES	YES
Observations	14621	14621	14621	14621
R - squared	0. 617	0. 547	0. 481	0. 443

5.4 企业性质的影响

    根据公募基金抱团交易特征，机构可能更倾向于波动性较大的非国有企业股票[①]。本书进一步研究不同企业性质对股价尾部风险的影响，根据企业性质，把样本分成两组——非国有企业样本和国有企业样本，来探讨不同企业性质下，机构投资者抱团交易行为对股价尾部风险的影响，采用尾部风险度量指标 VaR 与 ES，经过回归发现 $Cliqueshare_{i,t-1}$ 的系数并不显著，进一步采用股价涨跌幅度的绝对值超过5%次数，作为尾部风险的代理指标，具体回归结果如表5-4所示。在国有企业样本中，$Cliqueshare_{i,t-1}$ 的回归系数在5%水平上显著为正；在非国有企业中，$Cliqueshare_{i,t-1}$ 的回归系数在1%水平上显著为正。在国有企业中，股价日涨跌幅小于（大于）5%的样本，$Cliqueshare_{i,t-1}$ 的影响系数为2.781（2.476）；在非国有企业样本中，股价日涨跌幅小于（大于）5%的样本，$Cliqueshare_{i,t-1}$ 的系数为4.325（3.431）；从回归系数的大小与显著性程度来看，相比于国有企业，非国有企业基金抱团交易的行为对股价尾部风险的影响更为剧烈。

表5-4　　　　　　　　　调节效应：企业性质的影响

变量	国有企业		非国有企业	
	右尾风险	左尾风险	右尾风险	左尾风险
	$Up5_{i,t}$	$Down5_{i,t}$	$Up5_{i,t}$	$Down5_{i,t}$
$Cliqueshare_{i,t-1}$	2.781 **	2.476 **	4.325 ***	3.431 ***
	(2.117)	(2.492)	(5.478)	(5.850)

---

    ① 国泰君安2021年12月3日发布的研究报告《公募基金经理抱团行为研究——基金配置研究系列之三》。

续表

变量	国有企业		非国有企业	
	右尾风险	左尾风险	右尾风险	左尾风险
	$Up5_{i,t}$	$Down5_{i,t}$	$Up5_{i,t}$	$Down5_{i,t}$
$Lnmarket_{i,t-1}$	-0.410^{***}	-0.301^{***}	-0.310^{***}	-0.195^{***}
	(-14.451)	(-14.021)	(-10.778)	(-9.132)
$RoA_{i,t-1}$	2.060	-4.460^{***}	2.300^{*}	-1.390
	(1.189)	(-3.410)	(1.938)	(-1.571)
$ExHsl_{i,t-1}$	0.361^{***}	0.406^{***}	0.202^{***}	0.237^{***}
	(7.848)	(11.673)	(7.029)	(11.110)
$Pb_{i,t-1}$	$9.16e-2^{***}$	0.115^{***}	$3.17e-3^{**}$	$6.02e-3^{***}$
	(9.539)	(15.870)	(2.189)	(5.590)
$\Delta Asset\_r_{i,t-1}$	-0.016	-0.093	0.048	0.103^{**}
	(-0.156)	(-1.196)	(0.715)	(2.089)
$\Delta Srgr_{i,t-1}$	0.559^{***}	0.305^{***}	0.468^{***}	0.240^{***}
	(5.195)	(3.749)	(6.225)	(4.298)
$AC_{i,t-1}$	0.420^{*}	0.233	-0.023	-0.014
	(1.846)	(1.356)	(-0.363)	(-0.292)
$Mbr_{i,t-1}$	-0.326^{**}	-0.166	-0.106	-0.185
	(-2.043)	(-1.373)	(-0.620)	(-1.450)
$Mom_{i,t-1}$	-0.606^{***}	-0.776^{***}	-1.050^{***}	-0.914^{***}
	(-2.599)	(-4.398)	(-4.472)	(-5.242)
$Tat_{i,t-1}$	-0.153^{*}	-0.186^{***}	-0.229^{***}	-0.205^{***}
	(-1.668)	(-2.671)	(-2.858)	(-3.438)
$Lev_{i,t-1}$	0.263	-0.340^{**}	0.239	-0.687^{***}
	(1.328)	(-2.274)	(1.285)	(-4.962)
$Nliquidity_{i,t-1}$	$3.27e-2^{**}$	$3.87e-3$	$4.41e-3$	$1.18e-2^{***}$
	(2.011)	(0.315)	(0.859)	(3.087)
$S1\_S2_{i,t-1}$	-0.168	-0.163	-0.024	-0.184
	(-1.08)	(-1.39)	(-0.13)	(-1.41)

续表

变量	国有企业		非国有企业	
	右尾风险	左尾风险	右尾风险	左尾风险
	$Up5_{i,t}$	$Down5_{i,t}$	$Up5_{i,t}$	$Down5_{i,t}$
Constant	3.442***	2.115***	4.228***	2.513***
	(7.335)	(5.961)	(8.017)	(6.415)
年份	YES	YES	YES	YES
行业	YES	YES	YES	YES
Observations	5896	5896	8725	8725
R – squared	0.509	0.724	0.505	0.695

5.5 本章小结

本章探讨了基金抱团交易对股价尾部风险影响的机制分析，主要从机构投资者持股稳定性和信息传递效率两个方面检验了基金抱团交易行为加剧股价的尾部风险的中介效应。然后进一步探讨了不同股票网络位置以及不同企业性质的调节效应。研究发现，基金抱团交易阻碍了信息传递的效率、降低了持股稳定性，从而影响了股价尾部风险，越是接近抱团交易网络中心位置的股票以及非国有企业性质的股票，抱团交易持股比例越高对股价尾部风险的影响越剧烈。

本书以2010—2021年公募基金重仓持股数据为研究样本，以任意两只基金是否共同持有任意一家公司的股票数量占流通股数的比例大于等于5%建立的链接来构建基金抱团交易的信息网络，运用Louvain算法从信息网络中近似地提取出基金抱团交易团体，以探讨基金抱团交易的信息网络对股价尾部风险的影响。研究发现：第一，基金抱团交易的持股比例越高，股价未来的极端上涨与下跌尾部风险就越大；第二，利用基金抱团交易的赫芬达尔指数、团体中最大持股比例替代基金抱团交易的持股比例，并进一步利用股票涨跌幅超过 5%、7% 的次数替代尾部风险度量，以及利用 2015 年、2020 年子样本回归，基金抱团交易加剧股价极端上涨与下跌尾部风险的结论依然稳健；第三，基金抱团交易阻碍了信息传递的效率、降低了持股稳定性，从而加剧股价极端上涨与下跌尾部风险；第四，越是接近抱团交易网络中心位置的股票以及非国有企业股票，抱团交易持股比例越高对股价尾部风险的影响越大。

　　本书通过信息网络算法探讨了股票尾部风险的预测因素，拓展了对机构投资者社会关系网络的相关研究，为信息网络与机构投资者的交叉研究提供理论基础。同时实证分析了基金抱团交易的信息网络、网络密度、特征向量中心度对股价尾部风险的影响以及内在的影响机制，丰富了信息网络对机构投资者投资行为方面的相关文献。对于投资者来说，可以丰富投资策略，通过观察基金抱团交易指标，可以有效管理单只股票投资的最大回撤，也可以根据抱团现象，形成"盯机构"的投资交易策略；对于监管层来说，应高度关注对高度抱团的机构投资行为保持密切关注，防止出现极端尾部风险，提供现实依据。本书结合新型的信息网络与金融的交叉前沿研究，凸显了未来金融研究中与机器学习算法等交融的可能性和创新性，特别是尾部风险与资产定价的影响，机构投资者"同进同退"的抱团交易行为是否可以解释股票市场股价两极分化的现象，是否会导致资产定价的尾部风险异象，这几个问题将在后面几章进一步探讨。

第6章　中国 A 股市场中左尾风险异象存在性研究

6.1　研究背景

  风险和收益的关系是资产定价领域重要的研究对象。屡次爆发的金融危机也让投资者越发重视，发生概率较小，但如果发生就会带来高额损失的风险，即左尾风险。从经济学意义上讲，左尾风险即资产收益分布的密度函数远离均值的左尾部分所代表的损失发生概率。风险厌恶型投资者持有的证券风险越大，要求的期望收益越高。以上关系如果以左尾风险框架表述，则是在对收益分布高阶矩的投资分散不足时，左尾风险高的股票价格应该低，以补偿发生大损失的很大可能性。因此，应该观察到左尾风险高的股票收益高。然而事实并非如此，大幅下跌的股票并未出现反转，存在未来继续下跌的现象。

  国内外已经有学者关注上述问题，Bail 等（2014）研究发现，美国股票市场左尾风险越高，股票未来收益越低，但是并未对这种负相关关系进行进一步的研究。Atilgan 等（2020）全面检验了美国股票市场个股左尾风险与横截面收益之间的关系，个股的左尾风险与股票收益具有显著的负相关关系，股票左尾风险越高，未来收益越低。他们进一步提出了一种行为的解释：投资者低估了左尾风险的持续性，高估了近期大幅下跌的股票，左尾的低收益会一直持续，导致左尾收益动量，并且散户持股比例高、投资者关注少、套利成本高的股票，左尾风险异象更强。Bi和 Zhu（2020）进一步研究发现，美国股市的左尾风险异象在投资者情绪高涨时期更为显著，在投资者情绪低落时期显著性明显下降。

中国股票市场是否同样存在左尾风险异象？国内学者 Zhen等（2020）认为中国市场也显著存在类似的左尾风险异象，但并未对此进行解释。Gui 和 Zhu（2021）在研究中发现，中国股市中的左尾风险异象的存在性并不稳定，消费者信心指数更低的时期，左尾风险异象显著性更低。Wang 等（2022）研究发现双边尾部风险与未来收益均呈现负相关关系，并认为前景理论与凸显效应无法解释这类尾部风险效应。此外，黄玮强等（2022）发现中国债券市场中，尾部风险与预期收益之间也存在负相关关系。

本章基于中国 A 股市场 2006—2021 年的个股数据，应用在险价值（Value-at-Risk，VaR）和条件在险价值（Conditional Value-at-Risk，CVaR）度量股票左尾风险的大小，用单变量、双变量投资组合分析以及 Fama MacBeth 回归，检验了个股左尾风险与横截面收益之间的关系，即是否存在左尾风险异象，并进一步对左尾风险异象的来源进行了探讨。基于严谨性和中国独特的股票市场环境，在投资组合分析过程中，采用中国版三因子模型（CH3）、四因子模型（CH4）和考虑市场流动性的五因子模型

（CHPS5）（Fama 和 French，1993；Carhart，1997；Pastor 和 Stambaugh，2003；Fama 和 French，2015；Liu 等，2019；Atilgan 等，2020），以及 Fama – French 三因子模型（FF3）、Carhart 四因子模型（FFC4）和 Fama – French 五因子模型（FF5）。研究结果表明，中国 A 股市场存在左尾风险异象且无法被大多数风险特征变量所解释。另外，股票的左尾风险并非是一种随机现象，具有较强的持续性。

我们进一步从行为金融学和投资者关注度视角对中国股市左尾风险异象的来源进行了分析。通过构建 Delta CVaR 模型，分析左尾风险的变化与预期收益率之间的关系，发现投资者对股票的左尾风险事件存在反应不足现象。股价未能充分反映出左尾信息，从而导致左尾风险造成的损失持续到未来。散户投资者更有可能低估左尾风险的持续性，散户投资者的有限关注，可能是股价对高左尾风险股票中隐含的负面价格冲击反应不足的一个渠道。本书检验并发现，机构持股比例越低（散户持股比例越高），左尾风险异象越强；分析师跟踪数量（机构投资者关注度）高的股票，左尾风险异象表现更弱，即机构投资者关注能够有效抑制左尾风险异象。

此外，本书以股价的同步性作为股票信息传递效率的代理变量，对左尾风险异象的来源进行进一步分析，研究发现，股价同步性高的股票，左尾风险异象更弱，说明股票信息传递效率对左尾风险异象存在抑制作用。同时，还对不同投资者情绪状态下左尾风险异象的大小进行分析，结果表明当市场情绪处于高涨状态（低落状态）时，左尾风险异象更加显著（不显著）。最后，通

过交易约束和构造套利指数两种方法，分析在不同套利成本条件
下左尾风险异象的表现，结果表明左尾风险异象在套利成本更高
的股票中表现得更加显著。

6.2　研究设计

6.2.1　样本选择

本书将中国 A 股上市股票 2006—2021 年数据作为研究对象，
股票的日度交易数据、月度交易数据、机构持有比例、分析师数
量以及计算各个变量时用到的原始数据均来自 CSMAR 数据库。
为了保证数据结果的稳健性，本书在数据清洗阶段剔除了 ST 类
股票和金融类公司的股票。此外，为了减少新股上市初期的影响
以及小市值股票潜在壳价值影响，股票上市前 6 个月的数据以及
每月公司规模最小低于 30% 的股票数据予以剔除。为了避免异常
值的影响，在回归时也相应地做了截面上尾部 1% 的缩尾处理，
对于缺失值较多的样本也剔除在研究样本外。最后，本书得到的
月度样本数据共计 257060 条。

6.2.2　变量定义及计算

左尾风险指标是分析中的关键变量，在实证分析中，参考
Bali 等（2009）和 Atilgan 等（2020）的方法，本书基于股票的
日度收益率数据，使用历史模拟法计算每月末股票的左尾风险
值——VaR 和 $CVaR$，接下来将就两种变量的计算方法做介绍。

考虑一个风险资产 i 在 t 期的价格为 $P_{i,t}$，$P_{i,t}$ 为 $t = 0$ 时的价格，且已知。如果我们将一单位货币投资于该风险资产，则该风险资产在 t 期的随机收益率为

$$\widetilde{R}_{i,t} = \frac{P_{i,t} - P_{i,0}}{P_{i,0}} \qquad (6-1)$$

式中，$\widetilde{R}_{i,t} > 0$ 意味着收益为正，$\widetilde{R}_{i,t} < 0$ 意味着损失。VaR 指的是在给定置信水平 $h \in (0,1)$ 下发生的最大损失，公式为

$$VaR_{1-h}(\widetilde{R}_{i,t}) = \min\{\beta \mid \mathbb{P}\{-\widetilde{R}_{i,t} \geqslant \beta\} \leqslant h\} \quad (6-2)$$

或者 $$\mathbf{p}\{-\widetilde{R}_{i,t} \leqslant VaR_{1-h}(\widetilde{R}_{i,t})\} = 1-h \qquad (6-3)$$

式中，$VaR_{1-h}(\widetilde{R}_{i,t})$ 指的是在给定概率水平 $h \in (0,1)$ 下的最大损失，且在定义中 VaR 为正数。通常来说，在计算左尾风险时，$h = 1\%$ 或 5%。$CVaR_{1-h}(\widetilde{R}_{i,t})$ 指的是资产 i 在 t 期的损失大于 $VaR_{1-h}(\widetilde{R}_{i,t})$ 部分的期望，公式为

$$CVaR_{1-h}(\widetilde{R}_{i,t}) = \mathbb{E}[\widetilde{R}_{i,t} \mid -\widetilde{R}_{i,t} \geqslant VaR_{1-h}(\widetilde{R}_{i,t})] \quad (6-4)$$

显然，$CVaR_{1-h}(\widetilde{R}_{i,t})$ 衡量的是在给定概率水平 h 下，以及 $-\widetilde{R}_{i,t} \geqslant VaR_{1-h}(\widetilde{R}_{i,t})$ 条件下 $\widetilde{R}_{i,t}$ 左尾部分的期望。

直接通过上述公式计算 VaR 和 $CVaR$ 较为困难，因为需要对 $\widetilde{R}_{i,t}$ 的分布进行假定。因此，我们使用历史模型法估计出 VaR 和 $CVaR$。首先，我们在 t 月底收集股票 i 在过去 250 个交易日的日收益率数据 $R_{i,1}, R_{i,2}, \cdots, R_{i,N}$。其中，$200 \leqslant N \leqslant 250$。接着，将这些收益率数据进行排序 $R_i(1), R_i(2), \cdots, R_i(N)$，其中 $R_i(K) \leqslant R_i(K+1)$，$K = 1,2,\cdots,N-1$。在给定的概率水平 $h \in (0,1)$ 下，

假定 $R_{bot}^t(h)$ 为第 $100h\%$ 个观测值，基于定义可以计算出 $CVaR$ 为

$$CVaR^- \geq \frac{1}{\#(R_{i,k} \leq R_{bot}^t(h))} \sum_{R_{i,k} \leq R_{bot}^t(h)} R_{i,k} \geq 0 \qquad (6-5)$$

式中，$\#(R_{i,k} \leq R_{bot}^t(h))$ 指的是满足 $R_{i,k} \leq R_{bot}^t(h)$ 的观测值个数。一般来说，概率水平 h 的设定较小，$R_{bot}^t(h) \leq 0$，即 $R_{bot}^t(h) = -VaR_{1-h}(\widetilde{R}_{i,t}) \leq 0$。由于 VaR 值与 $CVaR$ 值均为正数，因此股票 i 在 t 月的 VaR 或 $CVaR$ 越大，意味着左尾风险越大。

在每个 t 月末计算了个股在不同概率水平下的 VaR 和 $CVaR$ 值，$VaR1$（$CVaR1$）意味着 $h=1\%$ 条件下的 VaR（$CVaR$）；$VaR5$（$CVaR5$）意味着 $h=5\%$ 条件下的 VaR（$CVaR$）。其中，在本书主要的实证分析中，使用 $CVaR1$ 作为衡量股票左尾风险的指标，其余指标用于稳健性检验。

此外，在资产定价研究中已经发现许多公司特征变量会对股票的截面收益产生影响，考虑到左尾风险与预期收益之间的关系，有可能是与这类变量相关。因此，本章基于已有的文献，选取已经得到证实能够对股票预期收益产生影响的公司特征变量，用于本章的研究。

Fama 和 French（1992）认为公司规模（$SIZE$）和账面市值比（BM）与预期收益之间存在明显的关系。因此，本章在每个月末使用股票的流通市值的自然对数计算出每只股票的市值变量 $SIZE$。使用个股 $t-1$ 年末的账面净资产与市值之比代表个股的账面市值比（BM）。接下来，为了控制 Jegadeesh 和 Titman（1993）提出的动量效应，本书使用股票 $t-12$ 月到 $t-2$ 月的累计收益率

作为股票的动量指标（*MOM*）。Jegadeesh（1990）提出股票的短期反转效应（*REV*），本书使用股票 $t-1$ 期的收益率进行衡量。Amihud（2002）认为流动性较差的股票存在的预期回报溢价，参考其计算方法，将股票的非流动性指标（*ILLIQ*）定义为个股每日绝对收益与每只股票在每个月的所有交易日内平均每日的货币交易量之比，即与货币单位交易量相关的每日价格变动。此外，Ang 等（2006）认为特质波动率（*IVOL*）和股票预期回报之间存在负相关关系，本书在每个月使用股票的超额收益对市场超额收益进行回归，回归得到的残差的标准差即为特质波动率。同时，Boyer 等（2010）发现股票的特质偏度与预期收益之间存在负相关关系，每个月使用股票的超额收益对市场超额收益进行回归，回归得到的残差的三阶中心距即为股票的特质偏度（*ISKEW*）。进一步地，Bali 等（2011）证实了彩票需求在资产定价领域中的作用，本书使用每只股票每月前五大日收益率的平均值作为 *MAX* 值。其中，在计算每月的 *IVOL* 和 *MAX* 值时，要求当月至少有 15 个有效数据。

此外，在实证研究中，本书还考虑到了能够代表个股与市场风险之间关联性的变量。首先是标准市场 *BETA*，本书使用 CAPM 模型，基于过去一年的个股日超额收益率和市场日超额收益率数据，计算出每只股票在每个月末的标准市场 *BETA* 值。接着，考虑市场下跌时个股与市场之间的关联性，参考 Bawa 和 Linden-berg（1977）以及 Ang 等（2006），本书使用股票的下行 *BETA*（*DBETA*）控制系统性尾部风险。在上文使用 CAPM 模型计算标准市场 *BETA* 的基础上，加入市场收益率小于期间市场收益率均值的条件，计算出个股月末的下行 *BETA* 值。此外，参考 Harvey 和 Siddique（2000），本书进一步考虑股票收益率与市场收益率之间的偏度关系。基于此，我们将股票过去一年的日超额收益对日市场超额收益和日市场超额收益的平方做回归，将平方项的系数作为股票的协偏度（*COSK*）。上述三个风险指标的计算均是在每月末使用股票过去 250 个交易日的日度数据，其中有效交易日不得少于 200 个。

在机制分析时，本书尝试从行为金融学的角度进行研究与分析。引入了股票的机构投资者持股占比（*INST*）和分析师关注度（*ANALY*）两个变量，分别作为投资者类型和投资者关注度的代理变量。其中，机构投资者持股占比（*INST*）为个股中机构投资者持有比例，分析师关注度（*ANALY*）为每月分析师关注人数加一后取对数（Atilgan 等，2020；罗晋辉等，2017；朱红军等，2007）。同时，噪声交易观认为股价同步性与市场定价效率正相关，且这一理论在中国 A 股市场得到了验证（朱红军等，2007；王亚平等，2009；田高良等，2019）。本书在每月使用股票月内的日超额收益率和市场超额收益率数据，基于 CAPM 模型计算出 R2，并使用 log（R2/（1 − R2））计算出股票的股价同步性（*SYN*）。此外，参考魏星集等（2014），使用上月封闭基金折价率（*DCEF*）、*IPO* 首日收益率均值（*RIPO*）、IPO 数（*NIPO*）、新增开户数（*NA*）、上月市场换手率（*TURN*）和上月消费者信心（*CCI*）构造 A 股市场的投资者情绪指数（*ISI*），并对 *ISI* 进行标准化且剔除宏观经济因素。本书将 *ISI* 的均值加上一个标准差作为基准点，当 *t* 月 *ISI* 高于基准点时标记为情绪高涨时期，低于基准点时则为低落时期。最后，本书从套利限制的角度出发，基于股票的机构投资者持股占比（*INST*）、特质波动率（*IVOL*）和 Amihud 非流动性指标（*ILLIQ*）三个变量，构造套利限制指数（*AI*），分别通过三个变量排序分组打分（*ILLIQ* 和 *IVOL* 按顺序，*INST* 按逆序），计算 *AI* 的大小，*AI* 分数越大意味着套利限制越高。

表 6-1　　　　　　　　　　变量计算及定义

项目	变量	计算方法
主要变量	左尾风险（*CVaR1*）	每个 t 月末，使用过去 250 个交易日的日度收益率数据（缺失值不得超过 50 个）的第 1 百分位数作为阈值，对收益率小于该阈值的所有收益率数据取均值后并取绝对值，由此计算出 t 月的 *CVaR1*
控制变量	市值（*SIZE*）	股票月流通市值的对数
	市场 BETA（*BETA*）	使用个股过去一年的日度收益率数据，通过 CAPM 模型计算得出的 β 值
	账面市值比（*BM*）	个股在每个月末的账面市值比，其中使用了 $t-1$ 年资产负债表中所披露的账面净资产数据
	动量效应（*MOM*）	股票 $t-2$ 月到 $t-12$ 月的累计收益率
	短期反转效应（*REV*）	股票 $t-1$ 月的收益率
	非流动性指标（*ILLIQ*）	采用 Amihud（2002）提出的非流动性变量计算方法，定义为个股每日绝对收益与每只股票在每个月的所有交易日内平均每日的货币交易量之比，即与货币单位交易量相关的每日价格变动
	协偏度（*COSK*）	股票收益率对市场超额收益率以及市场超额收益率的平方进行回归得到的平方项系数，其中数据使用的是股票在过去一年的日度收益率数据
	下行 BETA（*DBETA*）	市场在下跌阶段时，个股收益率与市场收益率之间的协方差

续表

项目	变量	计算方法
	特质波动率（*IVOL*）	每个月内股票超额收益率数据对市场超额收益率回归得到的残差的标准差，其中每个月的交易天数不低于 15 天
	特质偏度（*ISKEW*）	每月使用当月日度收益率数据通过 CAPM 模型计算的残差收益率的三阶中心距
	彩票型需求（*MAX*）	股票在当月内前五大日收益率的均值，其中当月交易日不得低于 15 天
其他变量	机构投资者持股占比（*INST*）	股票中机构投资者的持有占比
	分析师关注度（*ANALY*）	每月分析师关注人数加一后取对数
	股价同步性（*SYN*）	每月使用月内日度数据，通过 CAPM 模型计算得出的 R2，并计算股价同步性：$SYN = \log(R2/(1-R2))$
	市场情绪指数（*ISI*）	参考魏星集等（2014）构建市场情绪综合指标：$ISI = 0.634NA + 0.536TURN + 0.391CCI + 0.272DCEF + 0.079NIPO + 0.552RIPO$
	套利指数（*AI*）	参考 Atilgan（2020）的研究方法，分别通过三个变量排序分组打分（*ILLIQ* 和 *IVOL* 按顺序，*INST* 按逆序），计算 *AI* 的大小，*AI* 分数越大意味着套利限制越高

6.2.3　实证分析方法

1. 单变量投资组合分析法

单变量投资组合分析是投资管理中使用的一种分析方法，也是资产定价领域实证研究中常用的分析方法。本书在实证研究中首先使用这一分析方法，分析股票的左尾风险与预期收益之间的关系。

首先，在每个月末将各只股票基于左尾风险的大小按照从小到大的排序方式分成 10 个投资组合，投资组合 1（Port1）由当月左尾风险最小的股票组成，投资组合 10（Port10）由当月左尾风险最大的股票组成。其次，计算出每个投资组合在 $t+1$ 月的平均超额收益率以及基于各个因子模型计算的 Alpha 收益率（等权重计算）。最后，在时间序列层面上构建 $H-L$ 组合，对比 Port10 与 Port1 之间收益率的差异。为了减少由于数据的异方差和自相关性质的影响，本书在回归时使用 Newey – West 调整后的 t 统计量。

2. 双变量投资组合分析法

由于在单变量投资组合分析中，仅考虑了个股的左尾风险与预期收益之间的相关关系，但是这一关系可能是因为其他与股票预期收益有关的公司特征变量，或是与左尾风险存在相关关系的公司特征变量所导致的。因此，本书进一步使用双变量投资组合分析法进行分析。

首先，在每个月末 t 要进行两次分组，先基于变量 X 按照从低到高的顺序分成 M 个投资组合，再将每个投资组合中按照股票左尾风险值的大小从低到高的顺序分成 N 个投资组合，由此可以形成 $M \times N$ 个组合。其次，合并相同左尾风险组合，从而形成 N 个投资组合，并使用等权方法计算出每个组合在 $t+1$ 月的平均超额收益率，从而控制每个组合中的 X 变量。最后，用最高尾部风险投资组合（PortN）收益率减去最低尾部风险投资组合（Port1）收益率形成 $H-L$ 组合。由此可以形成各个组合在时间序列层面上的收益率，$H-L$ 组合的收益率以及使用不同因子模型计算出的 Alpha 收益率是本书关注的重点。同样，为了减少由

于数据的异方差和自相关性质的影响，在回归时使用 Newey –
West 调整后的 t 统计量。

3. Fama – MacBeth 回归法

前文所使用到的投资组合分析法，最多只能够在分析中加入
一个其他公司特征变量，难以控制更多的变量。因此，本书进一
步使用 Fama – MacBeth 回归法，通过同时控制更多公司特征变
量，分析股票左尾风险和右尾风险与截面预期收益之间的关系。
具体来看，Fama – MacBeth 回归法可以分为两步。首先，在截面
上将因变量 Y 对自变量 X 以及其他控制变量进行回归，从而得到
每个变量在时间序列层面上的回归系数。其次，对各个相关系数
进行时间序列层面上的均值检验。其中，在均值检验中，应用
Newey – West 调整后的 t 统计量以降低自相关性和异方差性质的
影响。在回归方法上，使用最小二乘法（OLS）进行回归。

参考 Fama – MacBeth 回归法所采用的模型为

$$R_{i,t+1} = \beta_{0,t} + \beta_{1,t} CVaR_{i,t} + \sum_j \beta_{i,j,t} Control_{i,j,t} + \varepsilon_{i,t}$$

$$(6-6)$$

式中，$R_{i,t+1}$ 表示股票 i 在 $t+1$ 月的收益率，$CVaR_{i,t}$ 表示股票 i 在
t 期的左尾风险指标，$Control_{i,j,t}$ 则表示股票 i 在 t 期的第 j 个控制
变量。

4. 转移矩阵分析

为研究左尾风险的持续性，参考 Atilgan 等（2020）的研究
方法，使用左尾风险的转移矩阵进行分析。具体来说，首先在 t
月将各只股票基于左尾风险的大小，按照从小到大的排序方式分
成 10 个投资组合，并对各个投资组合中的股票予以记录。接着，

在 $t+12$ 月重复上述方法对股票进行分组以及记录。最后，对比 t 月和 $t+12$ 月各只股票的转移情况，记录各个投资组合在 $t+12$ 月转移到其他组合中的比例并计算该比例在时间序列层面上的均值，从而用于代表各组合左尾风险的持续性。

举例来说，假设股票池中有 100 只股票，在 t 月按照各只股票左尾风险指标的大小从小到大分成 10 组，接着在 $t+12$ 月再次进行分组，每个组合有 10 只股票。假设在 t 月组合 1 中有 2 只股票在 $t+12$ 月转移到组合 10 中，那么可以认为 t 月左尾风险最低组合中的股票到 $t+12$ 月转移到左尾风险最高组合中的概率为 20%。从整体样本层面来看，如果个股的左尾风险是一种随机现象，那么在转移矩阵中的各个值应近似为 0.1，即股票在 t 月所处的组合到 $t+12$ 月转移到其他各个组合的概率近似为 10%。

6.3 实证结果分析

6.3.1 变量描述性统计

本书对左尾风险指标及其他公司特征和风险因素的平均值、标准差、中位数、最小值、最大值、偏度和峰度进行了统计描述，具体见表 6-2。1% 分位数的 *VaR* 均值为 7.4%，中位数为 7.1%，最小值为 5.2%，最大值为 10%。5% 分位数 *VaR* 的均值和中位数分别为 4.8% 和 4.1%。对于 *CVaR* 指标，1% 分位数 *CVaR* 的均值和中位数均为 8.3%，5% 分位数 *CVaR* 的均值和标准差分别为 6.4% 和 6%。

表 6 - 2　　　　　　　　　　变量描述性统计

变量	均值	标准差	中位数	最大值	最小值	偏度	峰度
$VaR1$	0.074	0.015	0.071	0.100	0.052	0.531	1.961
$VaR5$	0.048	0.017	0.041	0.094	0.029	1.424	3.870
$CVaR1$	0.083	0.011	0.083	0.100	0.064	0.087	1.816
$CVaR5$	0.064	0.015	0.060	0.098	0.044	0.938	2.634
BM	0.457	0.126	0.472	0.746	0.186	- 0.083	2.240
$BETA$	1.126	0.104	1.113	1.375	0.833	- 0.361	3.768
$SIZE$	22.420	0.614	22.530	23.500	20.440	- 1.198	4.375
$ILLIQ$	0.045	0.043	0.033	0.282	0.008	2.566	10.880
REV	0.001	0.125	- 0.008	0.454	- 0.341	0.225	4.237
MOM	0.262	0.569	0.132	2.701	- 0.785	1.646	6.382
$COSK$	- 1.928	2.767	- 1.359	4.458	- 12.540	- 1.429	6.141
$IVOL$	0.019	0.004	0.017	0.033	0.012	0.795	3.125
MAX	0.036	0.012	0.032	0.087	0.020	1.255	4.745
$DBETA$	1.182	0.148	1.172	1.651	0.737	- 0.299	5.395
$ISKEW$	0.429	0.151	0.440	0.804	0.012	- 0.274	2.653

数据来源：Wind、Csmar 以及作者整理。

　　针对尾部风险指标与公司特征和风险因素的相关性描述见表 6 - 3。首先，不同左尾风险指标之间具有较强的正相关性；与左尾风险指标相关性最高为特质波动率（$IVOL$），相关系数为 0.368，相关性最低为特质偏度（$ISKEW$），相关系数为 0.006，左尾风险指标与其他风险变量的相关性处在较低的水平，在一定程度上说明本书选取的风险因素控制变量较为合理；与 $BETA$、$IVOL$、MOM 和 MAX 之间的相关系数为正，说明与市场关联程度较高、彩票型需求较强以及特质波动率较大的股票往往具有较高的左尾风险；左尾风险指标与公司规模（$SIZE$）、账面市值比（BM）和短期反转效应（REV）之间的相关系数均为负，说明公司规模较小、账面市值比较低、存在短期反转效应的股票往往具有较高的左尾风险；其他公司特征变量之间的相关性也同时值得关注，非流动性指标 $ILLIQ$ 和 $SIZE$、$BETA$ 和 MOM 之间的相关系数为负，说明公司规模较大、与市场相关程度较高、动量效应较强的公司，其股票往往具有较强的流动性。

表6-3 变量的相关性分析

变量	$CVaR^-$	BETA	SIZE	BM	MOM	REV	ILLIQ	COSK	DBETA	IVOL	MAX	ISKEW
$CVaR^-$	1.000											
BETA	0.362	1.000										
SIZE	-0.161	-0.078	1.000									
BM	-0.291	-0.160	0.011	1.000								
MOM	0.204	-0.007	0.089	-0.277	1.000							
REV	-0.026	-0.011	-0.004	0.000	0.135	1.000						
ILLIQ	-0.007	-0.037	-0.521	0.122	-0.098	0.023	1.000					
COSK	-0.005	-0.221	0.135	0.004	0.064	0.004	-0.087	1.000				
DBETA	0.282	0.804	-0.161	-0.077	-0.053	-0.007	0.062	-0.636	1.000			
IVOL	0.368	0.037	-0.037	-0.303	0.226	0.041	-0.069	0.067	-0.018	1.000		
MAX	0.090	0.078	-0.041	-0.034	0.013	0.025	-0.007	-0.003	0.052	0.122	1.000	
ISKEW	0.006	-0.004	-0.012	0.004	-0.018	0.170	-0.030	-0.023	0.020	0.104	0.047	1.000

6.3.2 单变量投资组合分析

本节将呈现实证研究中的单变量投资组合分析结果。在 t 月末根据股票的 $CVaR1$ 值的大小，按照从小到大的顺序进行排列并按照10分位数形成10个投资组合，$Port1$ 为左尾风险最低股票组成的投资组合，$Port10$ 为左尾风险最高股票组成的投资组合，并计算每个投资组合在 $t+1$ 月的平均超额回报率和根据不同因子模

型计算出的 *Alpha* 收益率。最后，在时间序列层面分析 *Port*1 和 *Port*10 的收益率差异。其中，在分析使用到的为 Newey – West 调整后的 t 统计量。

表 6 – 4 呈现了实证分析结果，可以发现在 *CVaR*1 最低分位组合中（*Port*1）的股票，平均月超额收益率为 1.565%，且平均收益从 *Port*8 开始单调下降，*Port*8 和 *Port*9 的平均收益分别为 1.203% 和 1.069%。超额收益率下降幅度最大的组合为 *Port*10，该组合由 *CVaR*1 最大的股票构成。*Port*10 的超额收益率为 0.669%，*CVaR*1 最高投资组合与 *CVaR*1 最低投资组合之间平均收益率之差为 − 0.896%，且 Newey – West 调整后的 t 统计量为 − 2.459，显著为负。这意味着股票的左尾风险越高，预期收益明显越低。

接下来检验资产定价模型能否解释 *Port*1 和 *Port*10 收益率的差异，也即 *H – L* 组合的收益率。在实证中，共使用了六种不同的因子模型进行分析。参考 Liu 等（2019），本书使用了中国版三因子模型（CH3）和中国版四因子模型（CH4），并参考 Pastor 和 Stambaugh（2003），在 CH4 的基础上加入流动性风险因子构建五因子模型 CHPS5。此外，Fama 和 French（1993）提出的三因子模型（FF3），Carhart（1997）提出的四因子模型（FFC4）以及 Fama 和 French（2015）提出的五因子模型（FF5）均在实证检验中被用到。可以看出，不论使用哪一种因子模型计算 *H – L* 组合的 *Alpha* 收益率均小于零。*H – L* 组合的 *Alpha* 收益率范围为 − 0.590% ~ − 1.599%，Newey – West 调整后的 t 统计量范围为 − 1.425 ~ − 3.188。此外，相较于中国版因子模型，Fama – French 因子模型对左尾风险异象有着更强的解释力。

表 6 - 4 　单变量组合分析

CVaR1	Port1 (L)	Port2	Port3	Port4	Port5	Port6	Port7	Port8	Port9	Port10 (H)	H - L
Excess Return	1.565	1.560	1.651	1.463	1.516	1.322	1.353	1.203	1.069	0.669	-0.896 **
	(2.105)	(2.062)	(2.087)	(1.812)	(1.896)	(1.626)	(1.661)	(1.439)	(1.294)	(0.787)	(-2.459)
CH3 - Alpha	0.873	1.009	0.991	0.842	0.910	0.665	0.637	0.526	0.336	-0.033	-0.906 **
	(1.490)	(1.582)	(1.471)	(1.182)	(1.272)	(0.911)	(0.886)	(0.705)	(0.451)	(-0.041)	(-2.152)
CH4 - Alpha	1.106	1.247	1.220	1.035	1.079	0.861	0.805	0.652	0.517	0.108	-0.999 **
	(1.965)	(2.026)	(1.910)	(1.515)	(1.570)	(1.228)	(1.167)	(0.909)	(0.721)	(0.140)	(-2.354)
CHPS5 - Alpha	0.548	0.573	0.454	0.168	0.227	-0.075	-0.041	-0.371	-0.530	-1.051	-1.599 ***
	(0.762)	(0.760)	(0.579)	(0.212)	(0.274)	(-0.089)	(-0.049)	(-0.455)	(-0.646)	(-1.238)	(-3.188)
FF3 - Alpha	1.304	1.357	1.461	1.276	1.360	1.167	1.188	1.100	0.999	0.640	-0.663 *
	(2.389)	(2.334)	(2.407)	(2.012)	(2.123)	(1.805)	(1.830)	(1.613)	(1.457)	(0.883)	(-1.669)
FFC4 - Alpha	1.321	1.341	1.479	1.278	1.373	1.204	1.213	1.131	1.047	0.701	-0.620
	(2.333)	(2.264)	(2.364)	(1.964)	(2.086)	(1.809)	(1.817)	(1.607)	(1.490)	(0.942)	(-1.579)
FF5 - Alpha	1.579	1.734	1.834	1.628	1.757	1.564	1.547	1.446	1.395	0.989	-0.590
	(2.846)	(3.039)	(3.055)	(2.607)	(2.812)	(2.418)	(2.384)	(2.109)	(2.040)	(1.348)	(-1.425)

注：（1）*、**、*** 分别表示在 10%、5%、1% 的水平下显著；（2）括号内表示的是 Newey - West 调整后的 t 统计量（下表同）。

本章进一步研究 $CVaR1$ 对未来多期收益的预测能力，计算组合在 $t+2$ 月到 $t+12$ 月的月度收益率，实证结果如表 6 – 5 所示。在 $t+2$ 月，$CVaR1$ 最高（低）的投资组合的收益率为 0.665%（1.512%）。$H – L$ 组合的收益率为 – 0.847%，Newey – West 调整后的 t 统计量为 –2.355，显著为负。相似地，$H – L$ 组合在 $t+3$ 月的收益率为 – 0.759%，Newey – West 调整后的 t 统计量为 – 2.120，显著为负。$CVaR1$ 对未来收益的预测能力随着时间的向前推移而逐渐减弱，$Port10$ 和 $Port1$ 之间收益率的差距在逐渐缩小，$H – L$ 组合的负收益率显著程度在逐渐减弱。到组合形成的 $t+6$ 月时，$H – L$ 组合的收益率已经不再显著。这意味着，$CVaR1$ 与未来收益之间在截面上的负相关关系不只是在 $t+1$ 期才存在，具有持续性的特点。

6.3.3　平均投资组合特征

本节将对公司层面的各种特征进行研究，分析哪些特征可能能够解释在上一节所述的左尾风险与股票预期收益之间的负相关关系。为达到这一分析目的，首先，在每个 t 月末基于股票 $CVaR1$ 值的大小，按照 10 分位数形成 10 个投资组合。其次，计算每个投资组合各个公司特征值在每个 t 月的均值，并且构建 $H – L$ 组合，用于分析 $CVaR1$ 值最高组合与 $CVaR1$ 值最低组合之间各个公司特征的差异。在完成上述操作后，可以形成时间序列层面的各个变量数据。最后，对各个变量在时间序列上取均值，对各个公司特征变量的 $H – L$ 组合值进行分析。

表 6 – 6 为平均投资组合特征分析的实证结果。根据投资组

表6-5 多期单变量组合分析

CVaR1	Port1 (L)	Port2	Port3	Port4	Port5	Port6	Port7	Port8	Port9	Port10 (H)	H – L
t+2	1.512	1.578	1.663	1.665	1.451	1.450	1.309	1.144	1.129	0.665	-0.847**
	(2.084)	(2.107)	(2.104)	(2.058)	(1.824)	(1.776)	(1.540)	(1.402)	(1.340)	(0.774)	(-2.355)
t+3	1.522	1.542	1.622	1.571	1.378	1.579	1.267	1.307	1.168	0.763	-0.759**
	(2.123)	(2.034)	(2.040)	(1.931)	(1.724)	(1.898)	(1.499)	(1.593)	(1.389)	(0.872)	(-2.120)
t+4	1.496	1.471	1.427	1.365	1.418	1.346	1.290	1.247	1.180	0.901	-0.595*
	(2.112)	(1.928)	(1.833)	(1.676)	(1.733)	(1.669)	(1.575)	(1.510)	(1.424)	(1.038)	(-1.664)
t+5	1.471	1.268	1.329	1.227	1.261	1.083	1.217	1.151	1.155	0.902	-0.569*
	(2.024)	(1.657)	(1.672)	(1.550)	(1.562)	(1.318)	(1.493)	(1.388)	(1.421)	(1.050)	(-1.670)
t+6	1.415	1.342	1.338	1.254	1.196	1.127	1.101	1.083	1.230	0.945	-0.470
	(1.981)	(1.726)	(1.666)	(1.568)	(1.472)	(1.356)	(1.367)	(1.321)	(1.439)	(1.098)	(-1.393)
t+7	1.458	1.328	1.465	1.255	1.156	1.160	1.174	1.162	1.076	1.014	-0.444
	(2.016)	(1.709)	(1.789)	(1.583)	(1.430)	(1.424)	(1.375)	(1.403)	(1.255)	(1.194)	(-1.345)
t+8	1.363	1.289	1.452	1.237	1.151	1.166	1.123	1.157	1.161	0.989	-0.375
	(1.887)	(1.674)	(1.781)	(1.575)	(1.394)	(1.415)	(1.357)	(1.393)	(1.379)	(1.149)	(-1.123)
t+9	1.373	1.244	1.369	1.269	1.111	1.102	1.212	1.110	1.174	1.000	-0.374
	(1.939)	(1.577)	(1.680)	(1.524)	(1.352)	(1.401)	(1.468)	(1.344)	(1.377)	(1.149)	(-1.128)
t+10	1.321	1.267	1.345	1.245	1.159	1.151	1.230	1.095	1.169	1.098	-0.223
	(1.832)	(1.633)	(1.604)	(1.551)	(1.419)	(1.388)	(1.507)	(1.318)	(1.348)	(1.261)	(-0.709)

续表

CVaR1		Port1 (L)	Port2	Port3	Port4	Port5	Port6	Port7	Port8	Port9	Port10 (H)	H - L
$t+11$		1.335	1.244	1.172	1.137	1.177	1.135	1.175	1.236	1.205	1.166	-0.169
		(1.803)	(1.605)	(1.455)	(1.389)	(1.468)	(1.388)	(1.423)	(1.451)	(1.391)	(1.312)	(-0.544)
$t+12$		1.222	1.155	1.001	1.182	1.208	1.097	1.240	1.169	1.234	1.176	-0.046
		(1.683)	(1.462)	(1.282)	(1.496)	(1.503)	(1.297)	(1.473)	(1.424)	(1.407)	(1.331)	(-0.141)

注:(1) *、**、*** 分别表示在 10%、5%、1% 的水平下显著;(2) 括号内表示的是 Newey - West 调整后的 t 统计量(下表同)。

表 6 - 6　平均投资组合特征分析

变量	Port1 (L)	Port2	Port3	Port4	Port5	Port6	Port7	Port8	Port9	Port10 (H)	H - L
CVaR1	0.061	0.071	0.075	0.079	0.083	0.086	0.089	0.092	0.096	0.101	0.040 *** (28.048)
BETA	0.832	0.988	1.057	1.098	1.136	1.169	1.203	1.234	1.264	1.280	0.447 *** (42.503)
SIZE	22.977	22.622	22.471	22.456	22.371	22.337	22.303	22.266	22.233	22.154	-0.824 *** (-37.231)
BM	0.628	0.544	0.493	0.462	0.445	0.432	0.410	0.406	0.385	0.366	-0.262 *** (-12.327)

续表

变量	Port1 (L)	Port2	Port3	Port4	Port5	Port6	Port7	Port8	Port9	Port10 (H)	H－L
MOM	0.170	0.193	0.216	0.251	0.258	0.269	0.278	0.295	0.336	0.357	0.187*** (7.517)
REV	0.006	0.006	0.003	0.003	0.002	0.001	－0.001	－0.002	－0.004	－0.005	－0.011* (－1.671)
ILLIQ	0.045	0.050	0.051	0.050	0.049	0.049	0.050	0.049	0.049	0.047	－0.002** (－2.294)
COSK	0.320	－0.758	－1.252	－1.581	－2.055	－2.253	－2.432	－2.795	－3.185	－3.300	－3.62*** (－11.233)
DBETA	0.823	1.010	1.095	1.142	1.197	1.235	1.274	1.318	1.357	1.376	0.554*** (39.477)
IVOL	0.016	0.018	0.019	0.020	0.021	0.021	0.022	0.023	0.024	0.025	0.009*** (24.825)
MAX	0.099	0.100	0.100	0.101	0.101	0.102	0.102	0.102	0.103	0.104	0.006*** (12.091)
ISKEW	0.413	0.416	0.417	0.425	0.433	0.438	0.436	0.438	0.468	0.456	0.043*** (3.017)

合基于 $CVaR1$ 值大小的构造方法，$Port1$ 为 $CVaR1$ 最低股票组成
的投资组合，$Port10$ 为 $CVaR1$ 最高股票组成的投资组合。$Port1$ 的
平均值为 0.061，这意味着从样本的平均水平来看，$Port1$ 组合中
的公司在过去一年最糟糕的 1% 情况下，平均损失为 -6.1%。同
理可得，从样本的平均水平来看，$Port10$ 组合中的公司在过去一
年中的日回报率的第 1 百分位数为 -10.01%。$Port1$（$Port10$）
的市场 $BETA$ 均值分别为 0.832 和 1.280，说明 $CVaR1$ 较高的股
票对市场的波动更加敏感。左尾风险更高的公司往往规模更小，
且账面市值比更低。$CVaR1$ 最低（高）组合的平均动量收益为
17%（35.7%），而对应的短期反转收益值为 0.6%（-0.5%），
且代表上述两种收益的变量（MOM 和 REV）在 $H-L$ 组合中均是
显著的。对于左尾风险更高的股票，流动性越低，特质波动率越
高，有着更强的彩票型特征。与 $Port1$ 相比，$Port10$ 的共偏度
$COSK$ 小于零的程度要更大，或者说 $Port10$ 的 $COSK$ 的绝对值要
更大。最后，高左尾风险的股票对市场下行风险更敏感，特质偏
度更低。

6.3.4　双变量投资组合分析

在单变量投资组合分析中可以观察到左尾风险与股票收益之
间存在负相关关系，但这一关系有可能是因为其他与左尾风险有
关的公司特征变量所导致的。为了验证这一猜想，本书进一步使
用双变量投资组合法，通过控制其他可能的公司特征变量，对个
股左尾风险和预期收益进行分析。

双变量投资组合分析法的具体操作分为以下几步。首先，选

取一个公司层面的特征变量，以 BETA 为例。其次，在每个月末 t，先基于 REV 按照从低到高的顺序分成 10 个投资组合，再从每个投资组合中按照 CVaR1 值的大小从低到高的顺序分成 10 个投资组合，然后合并相同 CVaR1 组合，从而形成 10 个投资组合 t+1 月的平均收益率。最后，用 Port10 收益率减去 Port1 收益率形成 H-L 组合并对其进行均值检验，以及因子模型计算出 H-L 组合的 Alpha 收益率。同样，在分析中使用到的是 Newey-West 调整后的 t 统计量。

表 6-7 呈现了双变量投资组合分析结果，可以观察到在控制了各种公司特征变量后，投资组合的预期收益率依旧呈现出随着 CVaR1 的增加而减少的趋势。具体来看，当控制衡量股票与市场风险关联度的相关变量 BETA、DBETA 和 COSK 后，最低（高）左尾风险组合 Port1（Port10）的收益率分别为 1.459%（0.729%）、1.570%（0.711%）和 1.594%（0.701%）。H-L 组合的收益率分别为 -0.730%、-0.859% 和 -0.892%，Newey-West 调整后的 t 统计量均能够在 1% 的水平下显著为负。

在控制常见变量 SIZE 和 BM 后，CVaR1 最高的投资组合 Port10 在 t+1 期的收益率分别为 0.676% 和 0.741%，H-L 组合的收益率分别为 -0.944% 和 -0.747%，Newey-West 调整后的 t 统计量分别为 -3.147 和 -2.447，在 5% 水平的情况下显著为负。

本书在双变量分析中，还考虑了 MOM、REV 和 ILLIQ。可以发现控制上述三个变量之后，投资组合在 t+1 期的平均收益的表现与前文的分析有着相同的模式。左尾风险最高的投资组合 Port10

表 6 - 7　双变量投资组合分析

CVaR1	BETA	SIZE	BM	MOM	REV	ILLIQ	COSK	DBETA	IVOL	MAX	ISKEW
Port1 (L)	1.459	1.620	1.487	1.525	1.543	1.516	1.594	1.570	1.475	1.516	1.518
Port2	1.467	1.571	1.518	1.629	1.564	1.589	1.565	1.521	1.463	1.488	1.500
Port3	1.485	1.637	1.553	1.565	1.592	1.562	1.530	1.505	1.487	1.590	1.702
Port4	1.503	1.558	1.537	1.595	1.549	1.597	1.566	1.507	1.358	1.550	1.497
Port5	1.558	1.396	1.532	1.393	1.521	1.540	1.462	1.473	1.441	1.433	1.497
Port6	1.451	1.298	1.307	1.352	1.351	1.270	1.251	1.369	1.398	1.275	1.372
Port7	1.327	1.368	1.307	1.291	1.326	1.291	1.395	1.329	1.320	1.281	1.300
Port8	1.263	1.153	1.235	1.139	1.083	1.260	1.154	1.301	1.296	1.345	1.215
Port9	1.127	1.059	1.142	1.067	1.131	1.027	1.129	1.073	1.132	1.103	1.101
Port10 (H)	0.729	0.676	0.741	0.778	0.663	0.701	0.701	0.711	0.998	0.773	0.633
H - L	-0.730^{***}	-0.944^{***}	-0.747^{**}	-0.747^{**}	-0.880^{***}	-0.814^{**}	-0.892^{**}	-0.859^{***}	-0.477	-0.743^{**}	-0.884^{**}
	(-2.627)	(-3.147)	(-2.447)	(-2.324)	(-2.616)	(-2.435)	(-2.831)	(-3.149)	(-1.487)	(-2.238)	(-2.524)
CH3 - Alpha	-0.852^{***}	-0.882^{**}	-0.877^{**}	-0.848^{**}	-0.913^{**}	-0.808^{**}	-0.845^{**}	-0.847^{**}	-0.602	-0.801^{**}	-0.898^{**}
	(-2.833)	(-2.340)	(-2.535)	(-2.165)	(-2.427)	(-1.993)	(-2.086)	(-2.504)	(-1.649)	(-2.085)	(-2.231)

续表

CVaR1	BETA	SIZE	BM	MOM	REV	ILLIQ	COSK	DBETA	IVOL	MAX	ISKEW
CH4 – Alpha	-0.886*** (-2.888)	-0.943** (-2.530)	-0.941** (-2.686)	-0.909** (-2.330)	-1.013** (-2.681)	-0.883** (-2.212)	-0.948** (-2.357)	-0.894*** (-2.639)	-0.683* (-1.869)	-0.886** (-2.318)	-0.998** (-2.486)
CHPS5 – Alpha	-1.320*** (-3.377)	-1.546*** (-3.822)	-1.354*** (-3.527)	-1.403*** (-3.394)	-1.602*** (-3.450)	-1.457*** (-3.299)	-1.549*** (-3.623)	-1.371*** (-3.712)	-1.157*** (-2.771)	-1.460*** (-3.173)	-1.588*** (-3.358)
FF3 – Alpha	-0.635** (-2.082)	-0.719** (-2.231)	-0.625* (-1.895)	-0.621* (-1.816)	-0.694* (-1.895)	-0.607* (-1.666)	-0.670* (-1.939)	-0.665** (-2.205)	-0.336 (-0.955)	-0.537 (-1.461)	-0.676* (-1.775)
FFC4 – Alpha	-0.558* (-1.882)	-0.702** (-2.143)	-0.568* (-1.757)	-0.590* (-1.769)	-0.645* (-1.773)	-0.585 (-1.622)	-0.625* (-1.824)	-0.605** (-2.048)	-0.297 (-0.860)	-0.481 (-1.335)	-0.611 (-1.630)
FF5 – Alpha	-0.658** (-2.120)	-0.716** (-2.144)	-0.585* (-1.772)	-0.647* (-1.882)	-0.679* (-1.823)	-0.608 (-1.616)	-0.681* (-1.956)	-0.697** (-2.277)	-0.350 (-0.954)	-0.513 (-1.387)	-0.675* (-1.739)

的平均收益分别为 0. 778% 、0. 663% 和 0. 701% ,*H − L* 组合的平均收益分别为 − 0. 747% 、− 0. 880% 和 − 0. 814% ,Newey − West 调整后的 t 统计量分别为 − 2. 324、− 2. 616 和 − 2. 435,均显著为负。

进一步地,本书选择了股票的特质波动率(*IVOL*)、彩票型需求(*MAX*)和特质偏度(*ISKEW*)三个特征进行分析。可以发现,当选取的变量为 *MAX* 和 *ISKEW* 时,*H − L* 组合的预期收益率依旧显著小于零,左尾风险异象显著存在。而当选取的控制变量为 *IVOL* 时,*H − L* 收益率虽然依旧为负,但显著性明显降低。

此外,在 *H − L* 组合的 *Alpha* 收益率中也可以发现上述现象。使用不同因子计算出的 *H − L* 组合的收益率均小于零,在控制 IVOL 后的双变量分析中,*H − L* 组合的 *Alpha* 收益率虽然小于零,但是显著性明显降低。

6. 3. 5 Fama − MacBeth 回归分析

本节使用 Fama − MacBeth 回归分析法(Fama 和 MacBeth,1973),对个股的月度数据进行截面回归分析,研究在控制多个变量后,左尾风险与预期收益之间的负相关关系是否依旧存在。其中,因变量是每只股票下一个月的超额回报,自变量是当月的左尾风险值和各种代表公司特征的控制变量,使用的回归方法为最小二乘回归法(OLS),分析中使用到了 Newey − West 调整后的 t 统计量。本书使用到的模型如下:

$$R_{i,t+1} = \beta_{0,t} + \beta_{1,t} CVaR_{i,t}^{-} + \sum_{j} \beta_{i,j,t} Control_{i,j,t} + \varepsilon_{i,t}$$

$$(6-7)$$

式中，$R_{i,t+1}$ 表示股票 i 在 $t+1$ 月的收益率，$CVaR_{i,t}^{-}$ 表示股票 i 在 t 期的左尾风险指标，$Control_{i,j,t}$ 则表示股票 i 在 t 期的第 j 个控制变量。

表 6-8 中的第一栏为 $Model1$，在该模型中本书将左尾风险指标 $CVaR1$、市场风险 $BETA$ 和公司规模 $SIZE$ 三个变量作为自变量加入模型中。可以发现，$CVaR1$ 的系数为 -1.123，Newey-West 调整后的 t 统计量为 -1.809，显著为负。从 $Model2 \sim Model10$，逐步加入其他代表公司特征的控制变量。$CVaR1$ 的系数值范围为 -0.999 ~ -1.184，且在各个模型中均显著为负，Newey-West 调整后的 t 统计量范围为 -1.722 ~ -1.923。在 $Model10$ 中，本书所使用到的所有公司特征变量以及风险变量均得到控制，$CVaR1$ 的系数依旧显著为负，系数值为 -0.999，Newey-West 调整后的 t 统计量为 -1.722。回归结果表明，$CVaR1$ 包含的信息与市场风险 $BETA$、市场下行风险 $DBETA$、公司的特质波动率 $IVOL$、彩票型需求 MAX、协偏度 $COSK$、非流动性 $ILLIQ$、动量收益 MOM 和反转效应 REV 这些变量所包含的信息不同，$CVaR1$ 包含了无法被上述变量替代的有效信息。

6.3.6 转移矩阵分析

参考 Atilgan 等（2020）的研究方法，本节通过构造转移矩阵研究股票左尾风险的持续性。转移矩阵的构造方法具体来说如

表 6 - 8　Fama - MacBeth 回归分析

变量	Model1	Model2	Model3	Model4	Model5	Model6	Model7	Model8	Model9	Model10
CVaR1	-1.123*	-1.184*	-1.146*	-1.160*	-1.145*	-1.167*	-1.177*	-1.166*	-1.159*	-0.999*
	(-1.809)	(-1.879)	(-1.887)	(-1.940)	(-1.900)	(-1.888)	(-1.906)	(-1.923)	(-1.918)	(-1.722)
BETA	0.000	0.001	0.000	0.001	0.005	0.005	0.009	0.009	0.009	0.009
	(0.043)	(0.155)	(0.080)	(0.105)	(0.842)	(0.834)	(1.219)	(1.233)	(1.239)	(1.230)
SIZE	-0.003*	-0.003*	-0.003**	-0.003**	0.000	0.000	0.000	0.000	0.000	0.000
	(-1.840)	(-1.873)	(-2.132)	(-2.039)	(0.064)	(0.119)	(0.113)	(0.159)	(0.140)	(0.046)
BM		0.006	0.006	0.007	0.006	0.006	0.006	0.006	0.006	0.001
		(1.243)	(1.381)	(1.598)	(1.442)	(1.512)	(1.570)	(1.568)	(1.556)	(0.127)
MOM			0.004*	0.006***	0.006***	0.007***	0.007***	0.006***	0.006***	0.006***
			(1.793)	(2.658)	(3.066)	(3.171)	(3.165)	(3.091)	(3.105)	(3.094)
REV				-0.020***	-0.021***	-0.021***	-0.021***	-0.018***	-0.018***	-0.014***
				(-4.307)	(-4.647)	(-4.603)	(-4.619)	(-4.102)	(-4.087)	(-3.194)
ILLIQ					0.253***	0.256***	0.257***	0.258***	0.256***	0.256***
					(4.846)	(4.868)	(4.928)	(4.933)	(4.934)	(4.460)
COSK						-0.000	-0.000	-0.000	-0.000	-0.000
						(-0.225)	(-0.071)	(-0.089)	(-0.104)	(-0.407)
DBETA							-0.003	-0.003	-0.003	-0.004
							(-0.645)	(-0.622)	(-0.628)	(-0.921)

续表

变量	Model1	Model2	Model3	Model4	Model5	Model6	Model7	Model8	Model9	Model10
ISKEW								-0.002** (-2.602)	-0.001** (-2.484)	-0.000 (-0.634)
MAX									-0.064*** (-2.820)	-0.041* (-1.843)
IVOL										-0.609*** (-6.674)
Constant	0.190** (2.330)	0.193** (2.339)	0.195** (2.463)	0.194** (2.448)	0.112 (1.426)	0.112 (1.411)	0.111 (1.410)	0.109 (1.404)	0.115 (1.498)	0.118 (1.560)
Observations	257060	257060	257060	257060	257060	257060	257060	257060	257060	257060
R - squared	0.022	0.042	0.063	0.081	0.090	0.097	0.102	0.107	0.109	0.112
Number of groups	192	192	192	192	192	192	192	192	192	192

下，在 t 月，基于每只股票的 $CVaR1$ 值，按照从小到大的顺序进行排序，并根据 10 分位数形成 10 个投资组合，并在 $t+12$ 月重复上述操作。其中，$Port1$ 为 $CVaR1$ 最低的股票构成的组合，$Port10$ 为 $CVaR1$ 最高的股票构成的投资组合。接着，对比 t 月和 $t+12$ 月的分组情况，计算出 t 月在组合 i 的股票，到 $t+12$ 月转移到组合 j 的平均概率。其中，选择 $t+12$ 月作为对比分析是为了避免计算月度指标时使用的数据有重叠部分，因为股票左尾风险指标的计算使用的是过去 12 个月的日度数据。

如果左尾风险的变化是随机的，股票当期的左尾风险大小与未来的左尾风险无明显关联性，那么转移矩阵中的每个值都应该接近 0.1，即 10%。然而，表 6-9 显示的结果与这一观点相悖。左尾风险最低组合（$Port1$）中有 37.8% 的股票在 $t+12$ 月后不会转移到其他投资组合中，左尾风险最高组合（$Port10$）中有 33.9% 的股票在 $t+12$ 月后在左尾风险最高的两个组合中，在 $Port9$ 和 $Port10$ 的概率分别为 14.6% 和 19.3%。这些结果表明，左尾风险具有高度持续性的特征。

基于前文的实证分析结果，左尾风险与截面预期收益之间存在负相关关系，且左尾风险具有高度的持续性特征。本书认为存在着这样一种可能，即投资者低估了股票左尾风险在截面上的持续性，对股票的左尾风险事件反应不足，对高左尾风险股票定价过高，在未来遭受了损失。在接下来的章节，将对这一可能性进行探讨。

表6-9　　　　　转移矩阵分析

t月 \ t+12月	Port1 (L)	Port 2	Port 3	Port 4	Port 5	Port 6	Port 7	Port 8	Port 9	Port 10 (H)
Port 1 (L)	0.378	0.174	0.117	0.083	0.065	0.056	0.041	0.033	0.031	0.038
Port 2	0.183	0.160	0.133	0.111	0.105	0.082	0.069	0.060	0.052	0.053
Port 3	0.114	0.138	0.122	0.122	0.107	0.094	0.088	0.083	0.070	0.065
Port 4	0.084	0.118	0.119	0.116	0.106	0.103	0.098	0.091	0.087	0.079
Port 5	0.074	0.102	0.100	0.103	0.110	0.111	0.109	0.104	0.099	0.089
Port 6	0.050	0.088	0.095	0.104	0.105	0.111	0.111	0.113	0.114	0.110
Port 7	0.044	0.075	0.089	0.103	0.109	0.114	0.115	0.124	0.121	0.109
Port 8	0.038	0.064	0.079	0.092	0.103	0.113	0.122	0.129	0.140	0.125
Port 9	0.030	0.052	0.076	0.085	0.101	0.109	0.124	0.136	0.147	0.148
Port 10 (H)	0.029	0.048	0.059	0.078	0.095	0.113	0.126	0.126	0.146	0.193

6.4 稳健性检验

在前文的实证分析中，以 *CVaR*1 作为股票的左尾风险指标，使用单变量投资组合分析法、双变量投资组合分析法以及Fama – MacBeth 多元回归分析法验证了中国 A 股市场中存在左尾风险异象，并对其来源进行了进一步分析。为使得左尾风险与截面收益之间存在负相关关系这一结论更加稳健，接下来通过更换左尾风险指标，并使用单变量组合分析法和 Fama – MacBeth 回归法进行稳健性检验。

6.4.1 单变量组分析的稳健性检验

本节使用前文分析中使用到的单变量投资组合分析法，分析在更换左尾风险指标后，左尾风险与股票预期收益之间的负相关关系是否依旧存在，即左尾风险异象是否依旧存在。在本节的分析中，在计算投资组合 *Alpha* 收益率时使用到的模型为中国版三因子模型CH3 和中国版四因子模型CH4 （Liu 等，2019），以及基于中国版四因子模型 CH4 加入了 Pastor 和 Stambaugh （2003） 流动性因子，由此形成新的 CHPS 五因子模型。

表 6 – 10 呈现了单变量组合分析的实证结果。整体来看，在更换了不同的左尾风险指标的单变量投资组合分析实证结果与使用 *CVaR*1 作为左尾风险指标分析时有相同的表现。随着股票左尾风险增加，股票的预期收益率呈现明显的下降趋势，左尾风险最高的投资组合 *Port*10 在 $t+1$ 月的平均超额收益率最低，$H-L$ 组

表6-10

单变量投资组合分析

Panel A: VaR1

VaR1	Port1 (L)	Port2	Port3	Port4	Port5	Port6	Port7	Port8	Port9	Port10(H)	H - L
Excess Return	1.468	1.564	1.624	1.578	1.574	1.487	1.252	1.232	1.028	0.545	-0.923**
	(2.042)	(2.064)	(2.022)	(2.035)	(1.948)	(1.803)	(1.535)	(1.453)	(1.207)	(0.655)	(-2.574)
CH3 - Alpha	0.788	0.998	1.030	0.915	0.904	0.837	0.616	0.532	0.355	-0.250	-1.038**
	(1.390)	(1.577)	(1.519)	(1.356)	(1.235)	(1.168)	(0.822)	(0.683)	(0.468)	(-0.319)	(-2.582)
CH4 - Alpha	1.028	1.221	1.257	1.122	1.090	0.999	0.778	0.674	0.515	-0.089	-1.117***
	(1.885)	(2.012)	(1.929)	(1.743)	(1.555)	(1.448)	(1.089)	(0.900)	(0.702)	(-0.118)	(-2.770)
CHPS5 - Alpha	0.469	0.547	0.507	0.317	0.207	0.164	-0.200	-0.336	-0.522	-1.331	-1.799***
	(0.686)	(0.709)	(0.653)	(0.413)	(0.250)	(0.202)	(-0.228)	(-0.386)	(-0.627)	(-1.597)	(-3.920)

Panel B: VaR5

VaR5	Port1 (L)	Port2	Port3	Port4	Port5	Port6	Port7	Port8	Port9	Port10(H)	H - L
Excess Return	1.446	1.514	1.589	1.558	1.495	1.342	1.347	1.269	1.104	0.706	-0.740*
	(2.041)	(2.050)	(2.024)	(1.907)	(1.837)	(1.646)	(1.615)	(1.531)	(1.319)	(0.811)	(-1.834)
CH3 - Alpha	0.753	0.929	0.962	0.923	0.833	0.672	0.672	0.616	0.427	-0.033	-0.786*
	(1.372)	(1.513)	(1.406)	(1.332)	(1.183)	(0.902)	(0.889)	(0.828)	(0.558)	(-0.040)	(-1.666)

续表

Panel B: *VaR5*

VaR5	Port1 (*L*)	Port2	Port3	Port4	Port5	Port6	Port7	Port8	Port9	Port10(*H*)	*H* − *L*
CH4 −	0.954	1.181	1.163	1.119	1.005	0.831	0.841	0.778	0.601	0.156	− 0.799
Alpha	(1.793)	(2.004)	(1.766)	(1.692)	(1.494)	(1.166)	(1.156)	(1.088)	(0.815)	(0.194)	(− 1.650)
CHPS5 −	0.475	0.451	0.323	0.292	0.179	− 0.074	− 0.112	− 0.169	− 0.428	− 1.039	− 1.513 ***
Alpha	(0.705)	(0.615)	(0.395)	(0.370)	(0.222)	(− 0.090)	(− 0.132)	(− 0.202)	(− 0.513)	(− 1.170)	(− 2.869)

Panel C: *CVaR5*

CVaR5	Port1 (*L*)	Port2	Port3	Port4	Port5	Port6	Port7	Port8	Port9	Port10(*H*)	*H* − *L*
Excess return	1.426	1.503	1.641	1.608	1.427	1.405	1.376	1.402	1.065	0.519	− 0.907 **
	(2.008)	(2.016)	(1.999)	(2.040)	(1.780)	(1.756)	(1.620)	(1.677)	(1.260)	(0.604)	(− 2.267)
CH3 −	0.764	0.938	1.013	0.969	0.741	0.780	0.703	0.718	0.378	− 0.250	− 1.015 **
Alpha	(1.390)	(1.505)	(1.449)	(1.444)	(1.033)	(1.073)	(0.927)	(0.945)	(0.495)	(− 0.308)	(− 2.189)
CH4 −	0.997	1.182	1.224	1.178	0.925	0.932	0.830	0.862	0.567	− 0.067	− 1.063 **
Alpha	(1.870)	(1.971)	(1.826)	(1.837)	(1.352)	(1.334)	(1.144)	(1.180)	(0.762)	(− 0.085)	(− 2.230)
CHPS5 −	0.504	0.464	0.426	0.372	0.095	0.034	− 0.076	− 0.099	− 0.524	− 1.296	− 1.801 ***
Alpha	(0.760)	(0.622)	(0.516)	(0.483)	(0.116)	(0.042)	(− 0.087)	(− 0.119)	(− 0.621)	(− 1.494)	(− 3.430)

合的平均超额收益率均显著为负。只有使用 $VaR5$ 作为左尾风险指标时，使用 CH4 计算出的 $Alpha$ 收益率显著性水平较低，其他 $Alpha$ 收益率均显著为负。这意味着，即便在更换不同左尾风险指标后，左尾风险异象依旧显著存在，进一步证实了中国 A 股市场存在左尾风险异象的结论。

6.4.2　Fama – MacBeth 回归的稳健性

进一步地，通过更换左尾风险指标，使用 Fama – MacBeth 回归分析法对股票的左尾风险与预期收益之间的负相关关系进行稳健性检验，实证结果由表 6 – 11 呈现。其中，使用 $CVaR1$、$VaR1$、$CVaR5$ 和 $VaR5$ 分别作为 $Model1$、$Model2$、$Model3$ 和 $Model4$ 的左尾风险指标。

从表 6 – 11 的实证结果来看，在更换了不同的左尾风险指标后的 Fama – MacBeth 多元回归实证结果与使用 $CVaR1$ 时的实证结果一致，即便是在加入了不同的控制变量后，股票的左尾风险与预期收益之间的负相关关系依旧存在。具体来看，$CVaR1$、$VaR1$、$CVaR5$ 和 $VaR5$ 的系数分别为 -0.999、-0.232、-0.137 和 -0.203，Newey – West 调整后的 t 统计量分别为 -1.722、-2.060、-1.870 和 -2.252，均显著为负。

综上所述，通过更换左尾风险指标，应用单变量投资组合分析法和 Fama – MacBeth 多元回归分析法对中国 A 股市场中左尾风险异象的存在性进行了稳健性检验，实证结果与前文得出的结论相一致，在中国 A 股市场中存在左尾风险异象，即股票的左尾风险越高，其预期收益越低这一结论是稳健的。

表 6 – 11　　　　　　　　　Fama – MacBeth 多元回归分析

变量	Model1	Model2	Model3	Model4
CVaR1	– 0.999 * (– 1.722)			
VaR1		– 0.232 ** (– 2.060)		
CVaR5			– 0.137 * (– 1.870)	
VaR5				– 0.203 ** (– 2.252)
BETA	0.009 (1.230)	0.009 (1.340)	0.009 (1.267)	0.009 (1.184)
SIZE	0.000 (0.046)	– 0.000 (– 0.006)	0.000 (0.006)	0.000 (0.052)
BM	0.001 (0.127)	0.000 (0.039)	0.000 (0.026)	– 0.000 (– 0.015)
MOM	0.006 *** (3.094)	0.006 *** (3.177)	0.007 *** (3.238)	0.006 *** (3.184)
REV	– 0.014 *** (– 3.194)	– 0.014 *** (– 3.245)	– 0.015 *** (– 3.353)	– 0.015 *** (– 3.297)
ILLIQ	0.256 *** (4.460)	0.253 *** (4.380)	0.252 *** (4.333)	0.250 *** (4.287)
COSK	– 0.000 (– 0.407)	– 0.000 (– 0.370)	– 0.000 (– 0.393)	– 0.000 (– 0.236)
DBETA	– 0.004 (– 0.921)	– 0.004 (– 0.908)	– 0.004 (– 0.913)	– 0.003 (– 0.845)
ISKEW	– 0.000 (– 0.634)	– 0.000 (– 0.700)	– 0.000 (– 0.732)	– 0.000 (– 0.758)
MAX	– 0.041 * (– 1.843)	– 0.043 * (– 1.840)	– 0.043 * (– 1.970)	– 0.042 ** (– 2.014)

变量	Model1	Model2	Model3	Model4
IVOL	-0.609^{***}	-0.596^{***}	-0.588^{***}	-0.596^{***}
	(-6.674)	(-6.392)	(-6.099)	(-6.047)
Constant	0.118	0.040	0.027	0.027
	(1.560)	(1.063)	(0.829)	(0.817)
Observations	257060	257060	257060	257060
R – squared	0.122	0.122	0.124	0.124
Number of groups	192	192	192	192

6.5 本章小结

本章以 2006—2021 年中国 A 股市场中各公司的数据为样本，选取 1% 水平下的条件在险价值 $CVaR1$ 作为衡量股票左尾风险的主要代理变量，对中国 A 股市场上股票的左尾风险与截面预期收益之间关系进行了实证分析，主要从左尾风险异象的存在性、左尾风险的持续性和左尾风险异象的来源三个方面进行实证研究。

首先，应用单变量投资组合分析法对股票的左尾风险与预期收益之间的关系进行初步检验，发现两者之间存在显著的负相关关系，即高左尾风险股票的预期收益低。在这一部分，本书还对左尾风险对股票未来一年的收益的预测能力进行了实证研究，结果表明从 $t + 6$ 月开始，左尾风险与预期收益之间的负相关关系变得不再显著。为进一步证实上述结论，本书使用双变量投资组合分析法和 Fama – MacBeth 回归分析法，控制其他可能会影响左尾风险与股票预期收益的变量，实证结果表明左尾风险与股票预期收益之间的负相关关系依旧存在，表明个股的左尾风险包含了较强的特质信息，且无法完全被本书使用到的控制变量解释。

其次，在证实股票左尾风险与预期收益之间的负相关关系的基础上，本章进一步对左尾风险的持续性进行研究。参考 Atilgan 等（2020）的研究方法，使用股票 t 期左尾风险和 $t+12$ 期左尾风险构造转移矩阵，验证了股票的左尾风险具有较强的持续性特征，并非一种随机现象。基于此，本章发现投资者低估股票的左尾风险在截面上的持续性，对股票的左尾风险事件反应不足，对高左尾风险股票定价过高，从而在未来遭受了损失。

最后，通过更换衡量个股的左尾风险指标，本章使用单变量投资组合分析法和 Fama – MacBeth 回归法，对中国 A 股市场中存在的左尾风险异象进行了稳健性分析。结果表明，即便是更换了不同的左尾风险衡量指标，个股的左尾风险与预期收益之间的负相关关系依旧存在，进一步证实了中国 A 股市场存在左尾风险异象这一结论。

第7章 左尾动量来源的机制分析

本章从行为金融学和投资者关注度视角对中国股市左尾风险异象的来源进行了分析。通过构建 *Delta CVaR* 模型，分析左尾风险的变化与预期收益率之间的关系，发现投资者对股票的左尾风险事件存在反应不足现象。股价未能充分反映出左尾信息，从而导致左尾风险造成的损失持续到未来。散户投资者更有可能低估左尾风险的持续性，散户投资者的有限关注可能是股价对高左尾风险股票中隐含的负面价格冲击反应不足的一个渠道。本章检验并发现，机构持股比例越低（散户持股比例越高），左尾风险异象越强；分析师跟踪数量（机构投资者关注度）高的股票，左尾风险异象表现更弱，即机构投资者关注能够有效抑制左尾风险异象。

此外，本章以股价的同步性作为股票信息传递效率的代理变量，对左尾风险异象的来源进行进一步分析，研究发现，股价同步性高的股票，左尾风险异象更弱，说明股票信息传递效率对左尾风险异象存在抑制作用。同时，还对不同投资者情绪状态下左尾风险异象的大小进行分析，结果表明当市场情绪处于高涨状态（低落状态）时，左尾风险异象更加显著（不显著）。最后，通过交易约束和构造套利指数两种方法，笔者分析在不同套利成本条件下左尾风险异象的表现，结果表明左尾风险异象在套利成本更高的股票中表现得更加显著。

7.1　*Delta CVaR* 分析

本章从投资者行为的角度，对股票尾部风险与预期收益之间的负相关关系进行分析。参考 Atilgan 等（2020）的研究方法，引入 *Delta CVaR* 指标代表股票从 $t-1$ 月到 t 月 CVaR1 值的变化，并使用双变量投资组合分析法分析其与 $t+1$ 月收益率之间的关系。

本章将 *Delta CVaR* 定义为 t 月末的 CVaR1 值减去 $t-1$ 月末的 CVaR1 值。因此，*Delta CVaR*1 值存在三种情况，即大于零、小于零或等于零。具体来看，若 *Delta CVaR*1 小于零，说明投资组合的形成月 t 月末的 CVaR1 值要小于 $t-1$ 月末的 CVaR1 值。因为本书在计算股票的 CVaR1 时，使用的是过去一年的日度收益率数据。所以，*Delta CVaR* 小于零意味着股票的收益率在 $t-12$ 月末经历了大幅损失，而非近期。同样可知，*Delta CVaR* 大于零意味着 t 月末的 CVaR1 值要大于 $t-1$ 月末的 CVaR1 值，意味着股票在近期，即 t 月，经历了收益率大幅损失。如果 *Delta CVaR* 等于零，意味着尾部风险事件发生在 $t-1$ 月到 $t-11$ 月之中。

在计算完股票的 *Delta CVaR* 后，接着进行投资组合分析。首先在 t 月末将股票基于 CVaR1 的大小按照 5 分位数形成 5 个投资组合。接着，在每个投资组合中，按照 *Delta CVaR* 分成大于零、小于零和等于零三组。随后，观察在每个 *Delta CVaR* 组中左尾风险最高组合与左尾风险最低组合之间收益率的差异。

表 7-1 为基于 $CVaR1$ 的投资组合分析结果，可以发现在较远期经历了左尾风险事件的股票，即 $Delta\ CVaR < 0$ 的股票，$H-L$ 组合的收益率为 -0.498%，$Newey-West$ 调整后的 t 统计量为 -1.092，并不显著。相反，在近期发生了左尾风险事件的股票，即 $Delta\ CVaR > 0$ 的股票，左尾风险最高投资组合与左尾风险最低投资组合之间的收益差更为明显，$H-L$ 组合的收益率为 -2.103%，$Newey-West$ 调整后的 t 统计量为 -3.134，显著为负。在 $Delta\ CVaR = 0$ 的股票中也有着类似的表现模式。进一步地，使用因子模型 CH3、CH4 和 CHPS5 计算 $H-L$ 组合的 $Alpha$ 收益率可以观察到同样的模式。$Delta\ CVaR > 0$ 的情况下，$H-L$ 组合的 $Alpha$ 收益率范围为 $-1.605\% \sim -2.246\%$，$Newey-West$ 调整后的 t 统计量范围为 $-2.847 \sim -3.627$。而在 $Delta\ CVaR < 0$ 的情况下，$H-L$ 组合的 $Alpha$ 收益率范围为 $-0.095\% \sim -0.187\%$，$Newey-West$ 调整后的 t 统计量范围为 $-0.246 \sim -0.406$。

表 7-1 $Delta\ CVaR$ 分析

$\Delta CVaR1$	Port1 (L)	Port2	Port3	Port4	Port5 (H)	$H-L$	CH3 - Alpha	CH4 - Alpha	CHPS5 - Alpha
$\Delta CVaR1 > 0$	1.005	0.183	0.814	0.111	-0.881	-2.103 *** (-3.134)	-1.789 *** (-3.408)	-1.605 *** (-2.847)	-2.246 *** (-3.627)
$\Delta CVaR1 < 0$	2.340	2.060	1.881	1.189	1.741	-0.498 (-1.092)	-0.119 (-0.306)	-0.095 (-0.246)	-0.187 (-0.406)
$\Delta CVaR1 = 0$	3.003	3.118	2.867	2.407	1.662	-1.310 *** (-3.578)	-0.971 *** (-2.929)	-1.008 *** (-2.914)	-1.419 *** (-4.342)

上述结果与 Atilgan 等（2020）对美股研究的结果相一致，在中国 A 股市场中也存在投资者对股票的左尾事件反应不足的现象，由此导致投资者在未来持续面临损失。从前景理论的角度来看，投资者的处置效应使得其更有可能卖出手中已经获利的股票，而继续持有已经遭受损失的股票（Shefrin 等，1985；Grinblatt 等，2005；Barberis 等，2009）。投资者对左尾风险事件的反应不足，使得左尾风险事件造成的损失无法及时地反映在股票价格上，由此使得损失持续到未来。在接下来的部分，本章将进一步从不同投资者类型的角度，研究左尾风险与截面收益之间的负相关关系。

7.2 机构投资者持股（*INST*）的影响

本节将探讨在不同机构投资者持有水平下，高左尾风险股票和低左尾风险股票在未来收益率上的差异。因为，从整体层面来看，相较于机构投资者，个人投资者对信息的处理能力较弱，更有可能对股票的左尾风险反应不足。因此，本书认为，$CVaR1$ 与预期收益之间的负相关关系在机构投资者持股水平低的股票中，即个人投资者多的股票中更为明显。因此引入了股票的机构投资者持股占比变量 *INST*，使用投资组合分析法对上述观点进行检验，接着使用 Fama – MacBeth 回归法，构建机构投资者持股占比与 $CVaR1$ 的交互项变量，做进一步分析。

7.2.1 *INST* 与 *CVaR*1 双变量分析

根据 *INST* 与 *CVaR*1 双变量分析的分组方式为：在每个月，

分别基于 *INST* 和 *CVaR*1 进行两次独立分组，每次按从小到大的顺序分 10 组，接着等权计算出每个组合在时间序列层面上的超额收益均值，并在不同 *INST* 水平下构造 *CVaR*1 值最高与最低组合的收益差 *H － L* 组合，最后对 *H － L* 组合的收益率进行分析。

表 7 － 2 呈现了基于 *CVaR*1 和 *INST* 双变量独立分组的实证结果。可以观察到，*H － L* 组合的收益率及显著性随着机构持股水平的降低而增加。在机构投资者持股水平最高的情况下（*INST*5），*CVaR*1 最低（高）投资组合的超额收益率为 1.650%（1.224%），*H － L* 组合的超额收益率为 － 0.562%，Newey － West 调整后的 t 统计量为 － 1.251。使用不同因子模型计算出的 *Alpha* 收益率范围为 － 0.121% 到 － 0.797%，Newey － West 调整后的 t 统计量范围为 － 0.233 到 － 1.360，超额收益率和 *Alpha* 收益率的显著性低。当机构投资者持股水平为 *INST*1 时，即机构投资者持股水平最低的情况，*H － L* 组合的超额收益率为 － 1.328%，Newey － West 调整后的 t 统计量为 － 3.323，显著为负。使用不同因子模型计算出的 *Alpha* 收益率范围为 － 0.917% 到 － 1.886%，Newey － West 调整后的 t 统计量范围为 － 2.232 到 － 3.327，均显著为负。从上述结果中可以发现，在机构投资者持股水平低的股票，即个人投资者活跃的股票中，左尾风险与预期收益之间的负相关关系更为明显。后文将进一步对机构投资者持股占比进行机制检验，研究机构投资者是否能够有效抑制左尾风险与截面收益之间的负相关关系。

表 7 – 2　　　　　　　　　　*INST* 与 *CVaR*1 双变量分析

*CVaR*1	*INST*1	*INST*2	*INST*3	*INST*4	*INST*5
*Port*1（*L*）	1. 835	1. 706	1. 279	1. 575	1. 650
*Port*2	1. 127	1. 456	1. 501	1. 562	1. 795
*Port*3	1. 314	1. 709	1. 580	1. 499	1. 892
*Port*4	1. 169	1. 278	1. 320	1. 625	1. 781
*Port*5	1. 231	1. 421	1. 414	1. 734	1. 841
*Port*6	1. 184	1. 094	1. 189	1. 672	1. 620
*Port*7	1. 011	1. 116	1. 388	1. 605	2. 008
*Port*8	0. 830	1. 055	1. 131	1. 406	1. 829
*Port*9	0. 458	0. 952	1. 261	1. 423	1. 559
*Port*10（*H*）	0. 507	0. 660	0. 492	0. 876	1. 224
H – *L*	− 1. 328 *** (− 3. 323)	− 1. 045 *** (− 2. 948)	− 0. 786 ** (− 1. 992)	− 0. 699 * (− 1. 691)	− 0. 562 (− 1. 251)
CH3 – *Alpha*	− 1. 353 *** (− 2. 741)	− 1. 035 ** (− 2. 466)	− 0. 709 * (− 1. 728)	− 0. 655 (− 1. 482)	− 0. 121 (− 0. 233)
CH4 – *Alpha*	− 1. 427 *** (− 2. 867)	− 1. 111 *** (− 2. 620)	− 0. 753 * (− 1. 844)	− 0. 642 (− 1. 383)	− 0. 194 (− 0. 379)
CHPS5 – *Alpha*	− 1. 886 *** (− 3. 327)	− 1. 820 *** (− 4. 555)	− 1. 149 ** (− 2. 317)	− 1. 098 * (− 1. 890)	− 0. 797 (− 1. 360)
FF3 – *Alpha*	− 1. 024 ** (− 2. 406)	− 0. 879 ** (− 2. 360)	− 0. 612 (− 1. 519)	− 0. 479 (− 1. 091)	− 0. 406 (− 0. 821)
FFC4 – *Alpha*	− 0. 917 ** (− 2. 304)	− 0. 872 ** (− 2. 307)	− 0. 561 (− 1. 397)	− 0. 490 (− 1. 117)	− 0. 464 (− 0. 905)
FF5 – *Alpha*	− 0. 999 ** (− 2. 232)	− 0. 925 ** (− 2. 352)	− 0. 459 (− 1. 138)	− 0. 348 (− 0. 768)	− 0. 207 (− 0. 420)

7.2.2 *INST* 与 *CVaR*1 的机制检验

在上文 *CVaR*1 与 *INST* 双变量混合分组分析中，发现机构投资者持有占比高的股票，左尾风险与截面收益之间的负相关关系越弱。在此基础上，应用 Fama – MacBeth 多元回归方法进一步地对此现象进行机制检验。参考 Atilgan 等（2020）的方法，本节使用如下模型进行机制分析：

$$R_{i,t+1} = \theta_{0,t} + \theta_{1,t} CVaR1_{i,t} + \theta_{2,t} INST_{i,t} + \theta_{3,t} CVaR1\_INST_{i,t}$$

$$+ \sum_j \theta_{j,t} Control_{i,j,t} + \varepsilon_{i,t} \tag{7-1}$$

式中，$R_{i,t+1}$ 表示股票 i 在 $t+1$ 月的收益率，$CVaR1_{i,t}$ 表示股票 i 在 t 期的左尾风险指标，$CVaR1\_INST_{i,t}$ 表示 *INST* 和 *CVaR*1 的交互项，$Control_{i,j,t}$ 则表示股票 i 在 t 期的第 j 个控制变量。如果交互项的系数 $\theta_3 > 0$，则表明增加机构投资者持股能够有效抑制左尾风险异象。

表7-3为 *INST* 和 *CVaR*1 机制检验的实证结果。从结果来看，当模型中仅包含 *CVaR*1、*INST* 和 *CVaR*1 _ *INST* 时，左尾风险指标 *CVaR*1 的系数为 -0.974，Newey – West 调整后的 t 统计量为 -1.876，显著为负，这与前文得到的结论相一致。进一步地，交互项 *CVaR*1 _ *INST* 的系数，在实证结果中显著为正，系数值为 0.606，Newey – West 调整后的 t 统计量为 2.459，显著为正。当在模型中加入其他控制变量时，*CVaR*1 _ *INST* 的系数为 0.405，Newey – West 调整后的 t 统计量为 1.669，显著为正。这意味着，在机构投资者持股占比高的股票中，左尾风险带来的负收益更低。换句话说，机构投资者能够有效抑制左尾风险带来的负

收益。

表 7 - 3 　　　　　　　　*INST* 和 *CVaR*1 机制检验

变量	*Model*1	*Model*2	*Model*3	*Model*4
*CVaR*1	- 0. 692 （ - 1. 437）	- 0. 671 （ - 1. 399）	- 0. 974 * （ - 1. 876）	- 1. 179 ** （ - 2. 115）
INST		0. 010 （1. 627）	- 0. 042 ** （ - 2. 224）	- 0. 020 （ - 0. 955）
*CVaR*1 _ *INST*			0. 606 ** （2. 459）	0. 405 * （1. 669）
BETA				0. 010 （1. 386）
SIZE				- 0. 001 （ - 0. 789）
BM				0. 001 （0. 202）
MOM				0. 006 *** （3. 136）
REV				0. 230 *** （3. 734）
ILLIQ				- 0. 015 *** （ - 3. 264）
COSK				- 0. 000 （ - 0. 496）
DBETA				- 0. 000 （ - 0. 740）
ISKEW				- 0. 003 （ - 0. 876）
MAX				- 0. 035 （ - 1. 560）

变量	Model1	Model2	Model3	Model4
IVOL				−0.620 *** (−7.033)
Constant	0.081 * (1.721)	0.076 (1.605)	0.103 ** (2.007)	0.152 ** (2.154)
Observations	257060	257060	257060	257060
R − squared	0.022	0.034	0.036	0.127
Number of groups	192	192	192	192

7.3 分析师关注度（ANALY）的影响

为进一步探究左尾风险与截面收益之间的负相关关系，本节从投资者关注度的角度进行研究分析。已有研究表明，证券分析师能够有效提高股票价格的信息含量，使股价反映出更多的公司信息，提高市场的运作效率（朱红军等，2007；罗进辉等，2017）。基于此，本节将股票受到的分析师关注度作为投资者关注度的代理变量，认为受到分析师关注度更高的股票，左尾风险带来的负收益现象更弱。实证中引入分析师关注度（ANALY）作为投资者关注度的代理变量，使用投资组合分析法和 Fama − MacBeth 回归法进行进一步探究。

7.3.1 ANALY 与 CVaR1 双变量分析

此处 ANALY 与 CVaR1 双变量分析的分组方式为：在每个月分别基于 ANALY 和 CVaR1 进行两次独立分组，其中按 CVaR1 从小到大的顺序分为 5 组，按 ANALY 从小到大的顺序分为 3 组。接着等权计算出每个组合在时间序列层面上的超额收益均值，并在不同 *ANALY* 水平下构造 *CVaR*1 值最高与最低组合的收益差 *H* − *L* 组合，最后对 *H* − *L* 组合的收益率进行分析。

表 7 − 4 呈现了基于 *CVaR*1 和 *ANALY* 进行双变量独立分组的实证结果。首先，从各个投资组合的平均收益率来看，最受分析师关注，即分析师关注度最高的股票，在同一左尾风险水平下能够获得最高的收益。在分析师关注度最高的情况下（*ANALY*3），左尾风险最高（低）投资组合的平均收益率为 1.391%（1.734%）。*H* − *L* 组合的平均收益率为 − 0.343%，Newey − West 调整后的 t 统计量为 − 0.898。使用不同因子模型计算出的 *Alpha* 收益率范围为 0.023% 到 − 0.905%，Newey − West 调整后的 t 统计量范围为 0.059 到 − 1.984，*H* − *L* 组合的平均收益率显著性和 *Alpha* 收益率的显著性低。当分析师关注度为 *ANALY*1 时，也即在分析师关注度最低的情况，*H* − *L* 组合的收益率为 − 0.647%，Newey − West 调整后的 t 统计量为 −2.188，显著为负。使用不同因子模型计算出的 *Alpha* 收益率范围为 − 0.412% 到 − 1.295%，Newey − West 调整后的 t 统计量范围为 − 1.329 到 − 3.780，均显著为负。从上述的结果中可以发现，在分析师关注低的股票中，左尾风险与预期收益之间的负相关关系更为明显。

表 7 − 4　　　　　　　　*ANALY* 与 *CVaR*1 双变量分析

*CVaR*1	*ANALY*1	*ANALY*2	*ANALY*3
*Port*1	1.381	0.210	1.734
*Port*2	1.407	0.288	1.569
*Port*3	1.348	0.083	1.546
*Port*4	1.082	0.018	1.836

续表

CVaR1	ANALY1	ANALY2	ANALY3
Port5	0.734	-0.495	1.391
H - L	-0.647 ** (-2.188)	-0.705 * (-1.822)	-0.343 (-0.898)
CH3 - Alpha	-0.743 ** (-2.535)	-0.942 ** (-2.077)	-0.278 (-0.707)
CH4 - Alpha	-0.838 *** (-2.720)	-1.209 ** (-2.595)	-0.275 (-0.681)
CHPS5 - Alpha	-1.295 *** (-3.780)	-1.384 ** (-2.364)	-0.905 ** (-1.984)
FF3 - Alpha	-0.465 (-1.553)	-0.592 (-1.481)	-0.132 (-0.343)
FFC4 - Alpha	-0.412 (-1.329)	-0.623 (-1.536)	-0.103 (-0.262)
FF5 - Alpha	-0.464 (-1.487)	-0.433 (-1.045)	0.023 (0.059)

7.3.2 ANALY 与 CVaR1 的机制检验

在 ANALY 与 CVaR1 的投资组合分析中发现，ANALY 越高的股票，左尾风险异象越弱。进一步地应用 Fama - MacBeth 回归法，通过构造 ANALY 与 CVaR1 的交互项，对此进行机制分析。本节在此用到如下模型：

$$R_{i,t+1} = \theta_{0,t} + \theta_{1,t} CVaR1_{i,t} + \theta_{2,t} ANALY_{i,t} + \theta_{3,t} CVaR1\_ANALY_{i,t}$$
$$+ \sum_j \theta_{j,t} Control_{i,j,t} + \varepsilon_{i,t} \qquad (7-2)$$

式中，$R_{i,t+1}$ 表示股票 i 在 $t+1$ 月的收益率，$CVaR1_{i,t}$ 表示股票 i 在 t 期的左尾风险指标，$CVaR1\_ANALY_{i,t}$ 表示 ANALY 和 CVaR1 的交

互项，$Control_{i,j,t}$ 则表示股票 i 在 t 期的第 j 个控制变量。如果交互项的系数 $\theta_3 > 0$，则分析师对股票的关注度能够有效抑制左尾风险与截面收益之间的负相关关系。

从表 7-5 的结果来看，当模型中仅包含 $CVaR1$、$ANALY$ 和 $CVaR1\_ANALY$ 时，左尾风险指标 $CVaR1$ 的系数为 -0.757，Newey-West 调整后的 t 统计量为 -1.670，显著为负，这与前文得到的结论相一致。进一步地，左尾风险指标 $CVaR1$ 与分析师关注度 $ANALY$ 的交互项的系数，在实证结果中是显著为正的，系数值为 0.160，Newey-West 调整后的 t 统计量为 3.543，显著为正。当在模型中加入其他控制变量时，$CVaR1\_ANALY$ 的系数为 0.141，Newey-West 调整后的 t 统计量为 2.821，显著为正。这意味着，对于分析师关注度高的这类股票，左尾风险带来的负收益更低。换句话说，分析师关注度能够有效抑制左尾风险带来的负收益。

表 7-5　　　　　　　　　　　　*ANALY* 和 *CVaR*1 机制检验

变量	*Model*1	*Model*2	*Model*3	*Model*4
*CVaR*1	-0.692 (-1.437)	-0.635 (-1.484)	-0.757 * (-1.670)	-1.002 * (-1.763)
ANALY		0.002 (1.297)	-0.011 *** (-2.882)	-0.007 (-1.533)
*CVaR*1 _ *ANALY*			0.160 *** (3.543)	0.141 *** (2.821)
BETA				0.008 (1.178)
SIZE				-0.001 (-0.765)

变量	Model1	Model2	Model3	Model4
BM				0.002
				(0.428)
MOM				0.006 ***
				(2.878)
REV				−0.015 ***
				(−3.334)
ILLIQ				0.257 ***
				(4.556)
COSK				−0.000
				(−0.481)
DBETA				−0.003
				(−0.670)
ISKEW				−0.000
				(−0.331)
MAX				−0.037
				(−1.630)
IVOL				−0.648 ***
				(−7.144)
Constant	0.081 *	0.075 *	0.086 *	0.140 *
	(1.721)	(1.796)	(1.943)	(1.883)
Observations	257060	257060	257060	257060
R − squared	0.022	0.034	0.037	0.128
Number of groups	192	192	192	192

7.4 股价同步性（SYN）的影响

噪声交易观认为，股价同步性高是因为市场交易噪声少，进而投资者非理性因素减少，导致股价追随市场收益率趋势波动，同步性高反而体现资本市场信息效率高，股价同步性与市场定价效率正相关（王亚平等，2009；田高良等，2019）。基于此，本章使用股价同步性（SYN）作为股票信息效率的代理变量，认为股价同步性高的股票，左尾风险异象更弱。接下来，笔者将使用投资组合分析法和 Fama – MacBeth 回归法对这一结论进行检验。

7.4.1　SYN 与 CVaR1 双变量分析

此处 SYN 与 CVaR1 双变量分析的分组方式为：在每个月分别基于 SYN 和 CVaR1 进行两次独立分组，每次按从小到大的顺序分为 10 组，接着等权计算出每个组合在时间序列层面上的超额收益均值，并在不同 SYN 水平下构造 CVaR1 值最高与最低组合的收益差 H – L 组合，最后对 H – L 组合的收益率进行分析。

表 7 – 6 呈现了基于 SYN 和 CVaR1 进行双变量独立分组的实证结果。首先可以观察到的是，股价同步性水平最高，在同一左尾风险水平下，收益率越高。具体来看，当股价同步性水平处于 SYN5 时，CVaR1 最低（高）投资组合的超额收益率为 1.921%（1.646%），而当股价同步性水平为 SYN1 时，CVaR1 最低（高）投资组合的超额收益率为 1.162% （ – 0.792%）。相应地，H – L 组合的收益率也随着股价同步性的提高而提高，即左尾风险异象在股价同步性低的股票中更加显著。当股价同步性水平为 SYN1 时，H – L 组合的收益率为 – 1.954%，Newey – West 调整后的 t 统计量为 – 4.294，显著为负。而当股价同步性水平为 SYN5 时，H – L 组合的收益率为 – 0.275%，Newey – West 调整后的 t 统计

基金抱团交易、尾部风险与资产定价

量仅为 -0.716。从使用不同因子模型计算 $H-L$ 组合的 $Alpha$ 收益率来看，在 SYN1 水平下，$H-L$ 组合的 $Alpha$ 收益率范围为 -1.668% ~ -2.432%，均在 1% 的水平下显著为负。而在 SYN5 水平下，$H-L$ 组合的 $Alpha$ 收益率范围为 0.021% ~ -1.045%，Newey - West 调整后的 t 统计量范围为 0.049 ~ -1.796。上述结果证实了本章的观点，即股价同步性低的股票，左尾风险异象越显著。接下来将对 SYN 和 $CVaR$1 进行机制分析，检验 SYN 是否能够有效抑制左尾风险异象的发生。

表 7 - 6　　　　　　　　　SYN 与 $CVaR$1 双变量分析

$CVaR$1	SYN1	SYN2	SYN3	SYN4	SYN5
Port1（L）	1.162	1.600	1.702	1.663	1.921
Port2	1.109	1.396	1.727	1.685	1.804
Port3	1.238	1.166	1.810	1.954	2.062
Port4	0.966	1.322	1.653	1.483	1.798
Port5	0.681	1.342	1.710	1.758	1.894
Port6	0.477	0.921	1.524	1.924	1.961
Port7	0.203	0.893	1.695	1.726	1.929
Port8	0.003	1.213	1.412	1.676	1.863
Port9	0.033	0.718	1.048	1.469	2.157
Port10（H）	-0.792	0.525	0.823	1.339	1.646
$H-L$	-1.954*** (-4.294)	-1.074** (-2.563)	-0.879** (-2.098)	-0.323 (-0.809)	-0.275 (-0.716)
CH3 - Alpha	-1.837*** (-3.487)	-1.048** (-2.209)	-0.887* (-1.854)	-0.065 (-0.146)	-0.406 (-0.928)
CH4 - Alpha	-1.875*** (-3.550)	-1.097** (-2.221)	-1.006** (-2.092)	-0.199 (-0.452)	-0.380 (-0.842)
CHPS5 - Alpha	-2.432*** (-4.150)	-1.573** (-2.480)	-1.466** (-2.602)	-1.037* (-1.952)	-1.045* (-1.796)

144

续表

CVaR1	SYN1	SYN2	SYN3	SYN4	SYN5
FF3 – Alpha	− 1. 724 *** (− 3. 472)	− 0. 863 * (− 1. 802)	− 0. 730 * (− 1. 679)	− 0. 072 (− 0. 176)	− 0. 071 (− 0. 178)
FFC4 – Alpha	− 1. 744 *** (− 3. 497)	− 0. 812 * (− 1. 731)	− 0. 657 (− 1. 520)	− 0. 079 (− 0. 194)	− 0. 009 (− 0. 022)
FF5 – Alpha	− 1. 668 *** (− 3. 316)	− 0. 741 (− 1. 456)	− 0. 682 (− 1. 487)	0. 152 (0. 334)	0. 021 (0. 049)

7.4.2　SYN 与 CVaR1 机制分析

本节对 SYN 与 CVaR1 进行机制分析时使用到如下模型:

$$R_{i,t+1} = \theta_{0,t} + \theta_{1,t} CVaR1_{i,t} + \theta_{2,t} SYN_{i,t} + \theta_{3,t} CVaR1\_SYN_{i,t}$$
$$+ \sum_j \theta_{j,t} Control_{i,j,t} + \varepsilon_{i,t} \quad (7-3)$$

式中, $R_{i,t+1}$ 表示股票 i 在 $t+1$ 月的收益率, $CVaR1_{i,t}$ 表示股票 i 在 t 期的左尾风险指标, $CVaR1\_SYN_{i,t}$ 表示 SYN 和 $CVaR1$ 的交互项, $Control_{i,j,t}$ 则表示股票 i 在 t 期的第 j 个控制变量。如果交互项的系数 $\theta_3 > 0$, 则表明股票同步性的提升能够有效抑制左尾风险与截面收益之间的负相关关系。

表 7-7 呈现了实证结果,当模型中仅包含 $CVaR1$、SYN 和 $CVaR1\_SYN$ 时,左尾风险指标 $CVaR1$ 的系数为 −0. 810,Newey − West 调整后的 t 统计量为 −1. 485。进一步地,左尾风险指标与股价同步性的交互项 $CVaR1\_SYN$ 的系数,在实证结果中是显著为正的,系数值为 0. 283,Newey − West 调整后的 t 统计量为 1. 765,显著为正。当在模型中加入其他控制变量时,$CVaR1\_SYN$ 的系数为 0. 405,Newey − West 调整后的 t 统计量为 1. 698,

显著为正。这意味着，对于股价同步性高的这类股票，左尾风险带来的负收益更低。换句话说，更高的股价同步性能够有效抑制左尾风险带来的负收益。

表 7 - 7   *SYN* 和 *CVaR1* 机制检验

变量	*Model*1	*Model*2	*Model*3	*Model*4
CVaR1	- 0. 683 (- 1. 441)	- 0. 933 * (- 1. 690)	- 0. 810 (- 1. 485)	- 1. 118 (- 1. 625)
SYN		0. 004 *** (4. 798)	- 0. 022 (- 1. 370)	- 0. 035 (- 1. 508)
CVaR1 _ SYN			0. 283 * (1. 765)	0. 405 * (1. 698)
BETA				0. 001 (0. 220)
SIZE				0. 000 (0. 184)
BM				0. 001 (0. 343)
MOM				0. 006 *** (3. 109)
REV				0. 243 *** (4. 631)
ILLIQ				- 0. 013 *** (- 3. 024)
COSK				- 0. 000 (- 0. 357)
DBETA				- 0. 000 (- 0. 764)
ISKEW				- 0. 003 (- 0. 833)

续表

变量	*Model*1	*Model*2	*Model*3	*Model*4
MAX				− 0. 054 ** (− 2. 303)
IVOL				− 0. 250 ** (− 2. 385)
Constant	0. 080 * (1. 732)	0. 106 * (1. 953)	0. 095 * (1. 779)	0. 127 (1. 525)
Observations	255090	255090	255090	255090
R − squared	0. 022	0. 034	0. 037	0. 128
Number of groups	192	192	192	192

7.5 投资者情绪的影响

Zhu 等 (2020) 发现在美股中, 股票的左尾风险与截面收益之间的负相关关系仅在投资者情绪高涨的时候存在。当市场情绪处于高涨时期时, 投资者对未来更加乐观。此时投资者更容易对发生左尾事件的股票反应不足, 对其定价过高, 导致在未来遭受损失。

基于此, 本节基于 A 股的数据对这一现象进行研究分析。参考魏星集等 (2014) 构造 A 股市场的投资者情绪指数 (ISI), 并对 ISI 进行标准化且剔除宏观经济因素。本书将 ISI 的均值加上一个标准差作为基准点, 当 t 月 ISI 高于基准点时标记为情绪高涨时期, 低于基准点时则为低落时期。接着, 使用单变量投资组合分析法, 分析在情绪高涨时期和情绪低落时期, 左尾风险和预期收益之间的负相关关系的差别。

表 7 - 8 为在不同投资者情绪状态下，左尾风险异象的实证结果。可以发现，当投资者情绪处于高涨时期时，$H-L$ 组合的收益更低，左尾风险异象更显著。具体来看，当投资者情绪处于低落时期时，$CVaR1$ 最低（最高）组合的超额收益率为 1.705%（1.277%），$H-L$ 组合的收益率为 -0.428% 且不显著。而当投资者情绪处于高涨时期时，$CVaR1$ 最低（最高）组合的超额收益率为 1.295%（-0.478%），$H-L$ 组合的收益率为 -1.774%，Newey - West 调整后的 t 统计量为 -2.299，显著为负。使用因子模型计算出的 $Alpha$ 收益率也有着同样的表现模式。在情绪低落时期，使用 CH3、CH4 和 CHPS5 计算 $H-L$ 组合的 $Alpha$ 收益率分别为 -0.558%、-0.680% 和 -1.487%，且只有使用 CHPS5 模型计算出的 $Alpha$ 收益率显著为负。而在情绪高涨时期，三种模型计算出的 $Alpha$ 收益率分别为 -1.870%、-2.053% 和 -2.203%，且均显著为负。

表 7 - 8　　　　　　　　投资者情绪分析（*ISI* 指标）

$CVaR1$	Low - sentiment periods				High - sentiment periods			
	Excess Return	CH3 - *Alpha*	CH4 - *Alpha*	CHPS5 - *Alpha*	Excess Return	CH3 - *Alpha*	CH4 - *Alpha*	CHPS5 - *Alpha*
*Port*1（*L*）	1.705	1.279	1.385	0.499	1.295	0.024	0.580	0.556
*Port*2	2.059	1.651	1.726	0.705	0.585	-0.489	0.120	0.050
*Port*3	2.200	1.751	1.846	0.682	0.639	-0.717	-0.166	-0.200
*Port*4	2.064	1.616	1.672	0.474	0.318	-0.929	-0.449	-0.678
*Port*5	2.169	1.649	1.678	0.448	0.270	-0.768	-0.304	-0.409
*Port*6	1.967	1.480	1.532	0.147	0.097	-1.232	-0.720	-0.822
*Port*7	2.034	1.471	1.537	0.286	-0.006	-1.346	-0.940	-1.033
*Port*8	1.836	1.361	1.388	-0.018	-0.005	-1.362	-1.024	-1.297

续表

CVaR1	Low – sentiment periods				High – sentiment periods			
	Excess Return	CH3 – Alpha	CH4 – Alpha	CHPS5 – Alpha	Excess Return	CH3 – Alpha	CH4 – Alpha	CHPS5 – Alpha
Port9	1.711	1.17	1.250	– 0.228	– 0.226	– 1.647	– 1.214	– 1.457
Port10 (H)	1.277	0.691	0.706	– 0.988	– 0.478	– 1.846	– 1.473	– 1.647
H – L	– 0.428 (– 0.823)	– 0.588 (– 1.184)	– 0.680 (– 1.337)	– 1.487** (– 2.088)	– 1.774** (– 2.299)	– 1.870* (– 1.870)	– 2.053* (– 1.964)	– 2.203** (– 2.140)

7.6 套利限制的影响

已有研究表明，套利限制是造成股票错误定价的重要因素。Shleifer 和 Vishny（1997）以及 Pontiff（2006）认为，在真实的市场中，套利行为往往具有较高的风险，且需要足够的资本，由此限制了投资者的套利行为，进而引发股票价格在短期内偏离其真实价值，最终引发错误定价。王一鸣和周泳光（2022）认为导致投资者的交易成本增加的原因是缺乏流动性，进而降低了中国资本市场的有效性，加大价格的波动性，最终造成资产的错误定价。杨驰等（2023）将套利限制细分为交易成本、交易风险和交易约束三个维度，并在研究中发现在对错误定价具有正向影响的各个维度中，交易约束起到了主导作用。基于套利限制对错误定价有明显的正向作用，在此背景下，本节预期在套利限制更高的股票中，左尾风险异象更加显著。

为了证实这一想法，首先从交易约束的角度出发，探讨在不同交易约束条件下的股票，左尾风险异象的差别。具体来说，首先需要基于股票是否属于股指期货对应指数的成分股进行分组

（此处选择的指数为沪深300），股指成分股的股票为交易约束低的股票，非股指成分股的股票为交易约束高的股票。接着，在两种股票类型中分别进行单变量投资组合分析。

表7-9为处于不同交易约束条件下，左尾风险异象的实证分析结果。可以发现，相对于沪深300成分股股票，非沪深300成分股股票的 $H-L$ 组合的收益率更低，左尾风险异象更显著。具体来看，在交易约束较高的股票组合中，$CVaR1$ 最低（最高）组合的超额收益率为1.220%（0.328%），$H-L$ 组合的收益率为 -0.892%，显著为负。而在交易约束较低的股票组合中，$CVaR1$ 最低（最高）组合的超额收益率为1.070%（0.631%），$H-L$ 组合的收益率为 -0.439%，Newey-West调整后的t统计量为 -0.997，且不显著。使用因子模型计算出的 $Alpha$ 收益率也有着同样的表现模式。在交易约束较大的组合中，使用CH3、CH4和CHPS5计算 $H-L$ 组合的 $Alpha$ 收益率分别为 -0.922%、-0.987% 和 -1.537%，均显著为负。而在交易约束较低的组合中，三种模型计算出的 $Alpha$ 收益率分别为 -0.380%、-0.505% 和 -1.459%，仅有 $CHPS5$ 计算出的 $Alpha$ 收益率显著为负。

表7-9　　　　　　　　套利限制分析（交易约束）

$CVaR1$	非沪深300成分股				沪深300成分股			
	Excess Return	CH3 - *Alpha*	CH4 - *Alpha*	CHPS5 - *Alpha*	Excess Return	CH3 - *Alpha*	CH4 - *Alpha*	CHPS5 - *Alpha*
$Port1$（L）	1.220	0.668	0.861	0.194	1.070	0.380	0.612	0.235
$Port2$	1.296	0.688	0.910	0.075	1.020	0.321	0.565	-0.065
$Port3$	1.320	0.720	0.925	0.110	0.952	0.357	0.613	0.061

续表

CVaR1	非沪深 300 成分股				沪深 300 成分股			
	Excess Return	CH3 – Alpha	CH4 – Alpha	CHPS5 – Alpha	Excess Return	CH3 – Alpha	CH4 – Alpha	CHPS5 – Alpha
Port4	1.334	0.721	0.908	−0.135	0.905	0.373	0.610	−0.051
Port5	1.201	0.588	0.756	−0.227	0.615	0.011	0.159	−0.691
Port6	1.003	0.321	0.496	−0.552	0.625	0.011	0.150	−0.675
Port7	1.006	0.344	0.469	−0.537	0.824	0.220	0.355	−0.299
Port8	0.851	0.237	0.381	−0.778	1.026	0.455	0.604	−0.291
Port9	0.704	−0.053	0.091	−1.082	0.586	0.055	0.142	−0.861
Port10（H）	0.328	−0.254	−0.126	−1.343	0.631	0.000	0.108	−1.224
H – L	−0.892 ** (−2.552)	−0.922 ** (−2.110)	−0.987 ** (−2.312)	−1.537 *** (−3.251)	−0.439 (−0.997)	−0.380 (−0.847)	−0.505 (−1.108)	−1.459 *** (−2.663)

基于是否为沪深 300 指数成分股的划分，将股票分成交易约束高与低两组，从交易约束的角度初步证实了本书的观点，即左尾风险异象在套利限制更高的股票中更显著。

为进一步证实这一想法，我们选取股票的机构投资者持股占比（INST）、特质波动率（IVOL）和 Amihud 非流动性指标（ILLIQ）三个变量，构造衡量股票套利限制大小的指标（AI）。其中，ILLIQ 越大，意味着股票的流动性越低，交易成本越高，套利限制越高；IVOL 越高，意味着股票的交易风险越大，套利限制越高；INST 越高，意味着股票的交易风险越小，套利限制越小。在实证部分，本书在每个时期首先分别按照股票指标的大小进行排序并分成 5 组（ILLIQ 和 IVOL 按顺序，INST 按逆序），并根据股票所在的组别赋予相应的分值，分值范围为 1 ~ 5 分，组合1赋予1分，组合2赋予2分，依此类推。接着，将股票的分值加总，形成股票在当期的 AI 值，AI 值越大意味着股票的套利限制越大。最后，在每期对股票的 $CVaR1$ 和 AI 进行双变量投资组合分析。

表7-10为套利限制指数（AI）与 $CVaR1$ 的双变量投资组合分析结果。可以发现，在套利限制最小的股票中，即 $AI1$ 情况下，左尾风险异象现象表现最弱；在套利限制大的股票中，即 $AI5$ 情况下，左尾风险异象最为显著。具体来看，当套利限制水平处于 $AI5$ 时，$CVaR1$ 最低（高）投资组合的超额收益率为1.395%（0.545%），而当套利限制水平为 $AI1$ 时，$CVaR1$ 最低（高）投资组合的超额收益率为1.490%（1.515%）。相应地，$H-L$ 组合的收益率也随着套利限制的提高而降低，即左尾风险异象在套利限制高的股票中更加显著。在当套利限制水平为 $AI1$ 时，$H-L$ 组合的收益率为 -0.339%，$Newey-West$ 调整后的 t 统计量仅为 -0.957。而当套利限制水平为 $AI5$ 时，$H-L$ 组合的收益率为 -0.850%，$Newey-West$ 调整后的 t 统计量为 -2.468，显著为负。从使用不同因子模型计算 $H-L$ 组合的 $Alpha$ 收益率来看，在 $AI1$ 水平下，$H-L$ 组合的 $Alpha$ 收益率范围为 -0.209% 到 -1.027%，显著水平均处于较低水平。而在 $AI5$ 水平下，$H-L$ 组合的 $Alpha$ 收益率范围为 -0.687% 到 -1.191%，$Newey-West$ 调整后的 t 统计量范围为 -2.140 到 -2.700，至少在5%的水平下显著为负。上述结果证实了本书的观点，即套利限制高的股票，左尾风险异象更显著。

表 7 - 10　　　　　套利限制（*AI*）与 *CVaR*1 双变量分析

*CVaR*1	*AI*1	*AI*2	*AI*3	*AI*4	*AI*5
*Port*1（*L*）	1.490	1.606	1.732	1.138	1.395
*Port*2	1.572	1.666	1.657	1.469	1.233
*Port*3	1.462	1.426	1.370	1.352	1.400
*Port*4	1.686	1.499	1.312	0.898	0.917
*Port*5（*H*）	1.151	1.085	0.990	0.670	0.545
H - L	- 0.339 （- 0.957）	- 0.520 （- 1.557）	- 0.742 ** （- 2.311）	- 0.468 （- 1.360）	- 0.850 ** （- 2.468）
CH3 - *Alpha*	- 0.402 （- 1.189）	- 0.574 * （- 1.653）	- 0.839 ** （- 2.552）	- 0.669 * （- 1.936）	- 0.953 *** （- 2.700）
CH4 - *Alpha*	- 0.514 （- 1.487）	- 0.654 * （- 1.876）	- 0.872 ** （- 2.541）	- 0.713 ** （- 2.042）	- 0.949 *** （- 2.626）
CHPS5 - *Alpha*	- 1.027 ** （- 2.517）	- 1.172 *** （- 3.096）	- 1.360 *** （- 3.651）	- 1.072 *** （- 2.805）	- 1.191 *** （- 3.100）
FF3 - *Alpha*	- 0.219 （- 0.691）	- 0.336 （- 1.000）	- 0.483 （- 1.546）	- 0.339 （- 1.085）	- 0.738 ** （- 2.353）
FFC4 - *Alpha*	- 0.253 （- 0.795）	- 0.283 （- 0.817）	- 0.447 （- 1.409）	- 0.272 （- 0.847）	- 0.687 ** （- 2.140）
FF5 - *Alpha*	- 0.209 （- 0.634）	- 0.212 （- 0.658）	- 0.493 （- 1.534）	- 0.434 （- 1.371）	- 0.735 ** （- 2.251）

7.7　本章小结

　　本章对左尾风险异象的来源进行了探讨。主要从投资者反应、投资者类型、投资者关注度三个方面进行分析，并进一步从信息效率、市场情绪和套利限制三个方面进行异质性分析，并得出以下结论。第一，投资者对近期发生左尾风险事件的股票存在反应不足的现象，高估高左尾风险股票的价格，使股价无法充分反映出左尾风险事件代表的信息，由此导致了左尾风险异象的发生；第二，左尾风险异象在机构投资者持有占比更高的股票中表现更弱，机构投资者持股能够有效抑制左尾风险异象；第三，分析师关注度更高的股票，投资者关注度越高，左尾风险异象更弱，分析师的高度关注能够有效抑制左尾风险异象；第四，股价同步性越低的股票，信息传递效率越低，左尾风险异象越显著；第五，当市场情绪处于高涨状态时以及套利限制越高的股票，左尾风险异象更显著。

第8章 左尾动量与右尾反转: 基于交易的视角

8.1 研究背景

现有研究发现，在中国左尾风险和右尾风险与未来股票回报之间都存在显著的负相关关系（Ling 和 Cao，2019；Gui 和 Zhu，2021；Wang、Xiong 和 Shen，2022），这被称为左尾动量和右尾反转[①]。然而基于美国市场的研究，尾部风险异象的结论并不一致。早期的研究表明，左尾风险与股票回报呈正相关关系（Bali 和 Cakici，2004；Kelly 和 Jiang，2014）。最近的研究发现，在美国和发达国家，左尾风险与预期股票回报之间存在负相关关系（Atilgan 等，2020；Bi 和 Zhu，2020）。

现有文献已经探讨了尾部风险异象的潜在解释。在理性资产定价理论下，股票回报应该与左尾风险和右尾风险都呈正相关关系。因此，大多数研究将尾部风险异常归因于投资者行为偏差。Ling 和 Cao（2019）认为个人投资者对彩票型股票的偏好是右尾

[①] 美国股市关于尾部风险异象的研究结论并不一致，早期的研究发现左尾风险与股票回报呈正相关关系，最近的研究发现左尾风险与预期股票回报之间存在负相关关系。

风险与股票回报之间负相关关系的原因。Wang、Xiong 和 Shen（2022）提供了左尾动量可以通过前景理论和显著性理论来捕捉的证据。然而 Sun、Wang 和 Zhu（2023）的研究指出，在中国套利限制也对左尾风险的负面效应有所影响。

本章我们将探讨如果投资者行为理性，交易活动应该会减弱异常的股票回报，这有助于扩展投资者交易对尾部风险异象影响的相关文献。因此，交易不足可能与错误定价和尾部风险异象有关。另外，如果投资者受到行为偏见的影响，交易活动可能会加剧异常的股票回报。在本章的实证分析中，依据换手率将股票分成子样本，如果投资者行为理性，我们预期高换手率股票的尾部风险与股票回报之间的关系将更弱。

本书使用条件风险价值（CVaR）作为尾部风险的代理变量（Ling 和 Cao，2019；Atilgan 等，2020；Bi 和 Zhu，2020），研究发现在中国，无论是左尾风险还是右尾风险都与未来股票回报呈负相关关系。此外，本书基于尾部风险和换手率对股票组合进行了双重排序。双变量投资组合分析表明，左尾动量和右尾反转异常仅存在于高周转率的股票中。本书还进一步进行了 Fama – MacBeth 回归分析，并确认结果一致。研究结果表明，投资者交易加剧而非减弱了尾部风险异象，为行为偏差解释提供了进一步的有力证据。

本章的其余部分结构如下：第 2 节对数据和变量进行描述，第 3 节采用单变量、双变量组合以及 Fama – MacBeth 回归进行实证研究，第 4 节为本章研究结论。

8.2　数据与变量

8.2.1　数据

笔者从 CSMAR 数据库获取了每日和每月的股票数据、无风险利率以及 Fama 和 French（1993）三个因子的月度超额回报。从 Robert Stambaugh 的网站获得中国三个因子的月度超额回报（Liu、Stambaugh 和 Yuan，2019）。选择中国股市 A 股 2006 年 1 月至 2021 年 12 月数据为样本，按照 Liu、Stambaugh 和 Yuan（2019）的做法，笔者排除了金融股、特别处理股、上市不足 6 个月的股票以及公司规模最小的 30% 的股票[①]。

8.2.2　变量

借鉴文献（Rockafellar 和 Uryasev，2002；Ling 和 Cao，2019）的定义，本书定义了左尾风险（$CVaR1$）和右尾风险（$CVaR99$）如下：

$$CVaR1 = \frac{1}{\#(R_{i,k} \leq R_{bot}^t(h))} \sum_{R_{i,k} \leq R_{bot}^t(h)} (R_{bot}^t(h) - R_{i,k})$$

$$(8-1)$$

$$CVaR99 = \frac{1}{\#(R_{i,k} \geq R_t^{top}(h))} \sum_{R_{i,k} \geq R_t^{top}(h)} (R_{i,k} - R_t^{top}(h))$$

$$(8-2)$$

[①]　当研究样本包括金融股或基于从 2000 年 1 月到 2021 年 12 月的扩展样本期时，结论保持一致。

首先，研究在 t 月底收集股票 i 在过去 250 个交易日的日收益率数据 $R_{i,1}, R_{i,2}, \cdots, R_{i,N}$。其中，$200 \leqslant N \leqslant 250$。接着，将这些收益率数据进行排序 $R_i(1), R_i(2), \cdots, R_i(N)$，其中 $R_i(K) \leqslant R_i(K+1)$，$K = 1, 2, \cdots, N-1$。在给定的概率水平 $h \in (0,1)$ 下，假定 $R_{bot}^t(h)$ 为第 $100h\%$ 个观测值。

其中，$\#(R_{i,k} \leqslant R_{bot}^t(h))$ 指的是满足 $R_{i,k} \leqslant R_{bot}^t(h)$ 的观测值个数。一般来说，概率水平 h 的设定较小，$R_{bot}^t(h) \leqslant 0$，即 $R_{bot}^t(h) = -VaR_{1-h}(\widetilde{R}_{i,t}) \leqslant 0$。由于 VaR 值与 $CVaR$ 值均为正数，因此股票 i 在 t 月的 VaR 或 $CVaR$ 越大，即尾部风险越大。

传统的风险价值（VaR）衡量的是在给定时间内某个投资组合可能遭受的最大损失。然而，它具有一些不理想的特性，如缺乏次可加性和凸性（Artzner，1997）。此外，它没有考虑到超过 VaR 水平的损失。作为一种替代的风险度量方法，条件风险价值（$CVaR$）或期望损失（ES）度量，即在 VaR 被超过的情况下预期的损失（Acerbi 和 Tasche，2002）。它提供了更多关于市场损失已经超过 VaR 阈值时潜在损失的信息。与 VaR 不同，$CVaR$ 同时满足次可加性、单调性、正齐次性和转移不变性（Artzner 等，1999）。2013 年，巴塞尔银行监管委员会采用 97.5% 置信水平的 ES 或 $CVaR$。在 2016 年和 2019 年，巴塞尔银行监管委员会确认传统的 VaR 被 ES 或 $CVaR$ 取代，成为市场风险的标准度量。

与 Atilgan 等（2020）以及 Bi 和 Zhu（2020）的研究类似，我们使用第 t 月过去一年内的日回报率，且至少有 200 个观察值来估计 $CVaR1$ 和 $CVaR99$。同时，也包括了常见的公司特征变量。在资产定价研究中已经发现许多公司特征变量会对股票的截面收

益产生影响，考虑到尾部风险与预期收益之间的关系，有可能是
与这类变量相关。因此，本章选取已经得到证实能够对股票预期
收益产生影响的公司特征变量，具体变量的定义见表 8 - 1。

表 8 - 1　　　　　　　　　　　　变量的定义

变量	变量的定义	参考文献
CVaR1	在 t 月底之前的过去一年中，所有日回报率小于或等于其第 1 百分位的平均值，乘以 - 1，且至少有 200 个观察值	Rockafellar 和 Uryasev（2002）Ling 和 Cao（2019）
CVaR99	在 t 月底之前的过去一年中，所有日回报率大于或等于其第 99 百分位的平均值，乘以 - 1，且至少有 200 个观察值	Rockafellar 和 Uryasev（2002）Ling 和 Cao（2019）
SIZE	在 t 月底时股票市值的自然对数	Fama 和 French（1992）
BM	在 t 月底时公司的账面价值除以市值	Fama 和 French（1992）
MOM	从 $t-11$ 月到 $t-1$ 月结束的股票累计回报率	Jegadeesh 和 Titman（1993）
REV	在 t 月股票的回报率	Jegadeesh（1990）
TO	在 t 月股票的换手率	Lo 和 Wang（2000）
ILLIQ	在 t 月底的所有交易日中，绝对日回报率除以日交易量的平均值，且至少有 15 个观察值	Amihud（2002）
IVOL	在 t 月底回归残差的标准差，该回归是将股票超额回报对市场超额回报进行回归，且至少有 15 个观察值	Ang 等（2006）
BETA	在 t 月底之前的过去一年中，股票日超额回报与市场日超额回报的协方差与市场日超额回报的方差之比，且至少有 200 个观察值	Fama 和 MacBeth（1973）
DBETA	在 t 月底之前的过去一年中，股票日超额回报与市场日超额回报的协方差与市场日超额回报的方差之比，仅限于市场超额回报低于过去一年平均市场超额回报的日期	Ang 等（2006）
MAX	在 t 月底的之前一个月中，每只股票最高的五个日回报率的平均值，且至少有 15 个观察值	Bali 等（2011）

续表

变量	变量的定义	参考文献
COSKEW	在 *t* 月底之前的过去一年中，股票日超额回报对市场日超额回报及其平方进行回归，得到的市场日超额回报平方项的斜率系数，且至少有 200 个观察值	Harvey 和 Siddique（2000）
ISKEW	在 *t* 月底之前的过去一年中，股票日超额回报对市场日超额回报及其平方进行回归，得到的残差的三阶中心距，且至少有 200 个观察值	Boyer 等（2010）

8.2.3 变量的统计描述

表 8 - 2 展示了每个变量的平均值、标准差、中位数、最大值、最小值、偏度和峰度统计。这些统计数据是通过对每月横截面均值的时间序列平均计算得出的。表 8 - 3 展示了变量之间每月横截面相关性的时间序列平均值。

表 8 - 2 变量的描述性统计

Variable	Mean	St Dev	Median	Max	Min	Skew	Kurt
*CVaR*1	0.083	0.011	0.083	0.100	0.064	0.087	0.083
*CVaR*99	0.089	0.010	0.087	0.108	0.071	− 0.069	0.089
SIZE	22.420	0.614	22.530	23.500	20.440	− 1.198	22.420
BM	0.457	0.126	0.472	0.746	0.186	− 0.082	0.457
MOM	0.262	0.570	0.132	2.701	− 0.785	1.646	0.262
REV	0.001	0.125	− 0.008	0.454	− 0.341	0.225	0.001
TO	0.461	0.223	0.398	1.309	0.171	1.360	0.461
ILLIQ	0.045	0.043	0.033	0.282	0.008	2.566	0.045
IVOL	0.021	0.005	0.020	0.042	0.013	0.926	0.021
BETA	1.126	0.104	1.113	1.375	0.833	− 0.361	1.126
DBETA	1.182	0.148	1.172	1.652	0.737	− 0.299	1.182
MAX	0.101	0.003	0.101	0.113	0.096	1.305	0.101
COSKEW	− 1.928	2.769	− 1.362	4.456	− 12.580	− 1.432	− 1.928
ISKEW	0.434	0.201	0.467	0.874	− 0.162	− 0.310	0.434

数据来源：Csmar 以及作者整理。

表 8 - 3　变量的相关性矩阵

Variable	CVaR1	CVaR99	SIZE	BM	MOM	REV	TO	ILLIQ	IVOL	BETA	DBETA	MAX	COSKEW	ISKEW
CVaR1	1.000													
CVaR99	0.623	1.000												
SIZE	-0.161	-0.116	1.000											
BM	-0.291	-0.304	0.011	1.000										
MOM	0.204	0.262	0.089	-0.277	1.000									
REV	-0.026	-0.009	-0.004	0.000	0.135	1.000								
TO	0.376	0.408	-0.177	-0.270	0.169	-0.003	1.000							
ILLIQ	-0.007	-0.050	-0.521	0.122	-0.098	0.023	-0.201	1.000						
IVOL	0.368	0.459	-0.037	-0.303	0.226	0.041	0.646	-0.069	1.000					
BETA	0.362	0.232	-0.078	-0.160	-0.007	-0.011	0.146	-0.037	0.037	1.000				
DBETA	0.282	0.093	-0.161	-0.077	-0.053	-0.007	0.064	0.062	-0.018	0.804	1.000			
MAX	0.090	0.125	-0.041	-0.034	0.013	0.025	0.118	-0.007	0.122	0.078	0.052	1.000		
COSKEW	-0.005	0.131	0.135	0.004	0.065	0.004	0.059	-0.087	0.067	-0.221	-0.636	-0.002	1.000	
ISKEW	0.006	0.084	-0.012	0.004	-0.018	0.170	0.063	-0.030	0.104	-0.004	0.020	0.047	-0.023	1.000

8.3 实证分析

8.3.1 尾部风险的单变量组合分析

实证分析中，每个月，本书根据股票的左尾（右尾）风险，按 $CVaR1$（$CVaR99$）的测量值将股票分成五分位数，并计算未来一个月的投资组合回报。超额回报（r_e）是月度回报减去以每月一年期存款利率作为代理的无风险利率。异常回报 α_{FF3} 和 α_{CH3}，分别使用 Fama 和 French（1993）以及 Liu、Stambaugh 和 Yuan（2019）的三因子模型计算得出。

表 8 - 4 报告了按 $CVaR1$（$CVaR99$）排序的等权重（EW）五分位数投资组合的回报率的时间序列平均值。超额回报显示出从 $CVaR1$（$CVaR99$）最低的股票到 $CVaR1$（$CVaR99$）最高的股

表 8 - 4　　　　　单变量组合分析（等权重）

Quintile	Panel A. Portfolios sorted on *CVaR*1			Panel B. Portfolios sorted on *CvaR*99		
	r_e	α_{FF3}	α_{CH3}	r_e	α_{FF3}	α_{CH3}
1（Lowest）	1.558	1.326	0.939	1.674	1.423	0.943
2	1.563	1.373	0.920	1.596	1.429	0.999
3	1.421	1.267	0.785	1.385	1.259	0.749
4	1.268	1.136	0.577	1.300	1.160	0.556
5（Highest）	0.860	0.809	0.144	0.716	0.641	0.118
$H-L$	-0.698 ** (-2.523)	-0.517 * (-1.727)	-0.796 ** (-2.537)	-0.958 *** (-4.696)	-0.781 *** (-3.449)	-0.825 *** (-2.881)

注：（1）*、**、***分别表示在 10%、5%、1%的水平下显著；（2）括号内表示的是 Newey - West 调整后的 t 统计量。

票的递减模式。如表8-4所示，超额回报与 $CVaR1$ 和 $CVaR99$ 都呈负相关关系。最高和最低 $CVaR1$ 以及 $CVaR99$ 投资组合的平均回报差分别为每月 -0.698% 和 -0.958%。在两种情况下，α_{FF3} 与 α_{CH3} 都显著为负。结果表明，中国存在左尾动量和右尾反转现象，与现有研究一致（Ling 和 Cao，2019；Gui 和 Zhu，2021；Wang、Xiong 和 Shen，2022；Bi 和 Zhu，2022）。

表8-5 进一步报告了按 $CVaR1$（$CVaR99$）排序的价值加权（EW）五分位数投资组合的回报率的时间序列平均值。超额回报显示从 $CVaR1$（$CVaR99$）最低的股票到 $CVaR1$（$CVaR99$）最高的股票，也呈现递减模式。如表8-5所示，超额回报与 $CVaR1$ 和 $CVaR99$ 都呈负相关关系。最高和最低 $CVaR1$ 以及 $CVaR99$ 投资组合的平均回报差分别为每月 -0.629% 和 -1.086%。在两种情况下，α_{FF3} 和 α_{CH3} 都显著为负，足以说明中国股市存在左尾动量和右尾反转现象。

表8-5 单变量组合分析（价值加权）

Quintile	Panel A. Portfolios sorted on $CVaR1$			Panel B. Portfolios sorted on $CVaR99$		
	r_e	α_{FF3}	α_{CH3}	r_e	α_{FF3}	α_{CH3}
1（Lowest）	1.262	1.160	0.662	1.448	1.257	0.745
2	1.228	1.055	0.691	1.208	1.104	0.759
3	1.039	1.046	0.471	1.175	1.092	0.609
4	1.084	1.070	0.376	1.063	0.997	0.424
5（Highest）	0.633	0.757	-0.043	0.362	0.312	-0.239
$H-L$	-0.629 （-1.651）	-0.403 （-0.984）	-0.704 * （-1.743）	-1.086 *** （-3.175）	-0.945 *** （-2.629）	-0.984 ** （-2.258）

注：（1）*、**、*** 分别表示在10%、5%、1%的水平下显著；（2）括号内表示的是 Newey-West 调整后的 t 统计量。

8.3.2 尾部风险与换手率的双变量组合分析

在本节中，我们进一步检验了投资者交易是否减弱或加剧了尾部风险异常现象。遵循 Medhat 和 Schmeling（2021）的方法，我们首先根据 $CVaR1$（$CVaR99$）对股票进行排序，然后在 $CVaR1$（$CVaR99$）的五分位数内根据换手率（TO）进行二次排序。投资组合在每个月末进行再更新。表 8-6 报告了等权重（EW）投资组合的平均超额回报以及每个换手率五分位数内高减低策略的表现。

表 8-6　　　　　双变量组合分析（等权重）

Panel A. Portfolios sorted on $CVaR1$ and turnover							
$CVaR1/TO$	$CVaR1$ quintiles					$CVaR1$ strategies		
	1 (Lowest)	2	3	4	5 (Highest)	r_e	α_{FF3}	α_{CH3}
TO quintiles	Portfolio excess return							
1 (Lowest)	1.449	1.715	1.729	1.812	1.632	0.183 (0.488)	0.282 (0.781)	0.036 (0.100)
2	1.764	1.819	1.917	1.864	1.481	-0.283 (-0.903)	-0.152 (-0.477)	-0.360 (-1.031)
3	1.789	1.888	1.542	1.509	1.113	-0.676** (-2.450)	-0.481 (-1.552)	-0.780** (-2.504)
4	1.620	1.670	1.340	1.244	0.635	-0.986*** (-2.885)	-0.732** (-2.026)	-1.188*** (-2.834)
5 (Highest)	1.170	0.713	0.551	-0.110	-0.586	-1.756*** (-4.713)	-1.530*** (-3.761)	-1.706*** (-4.115)

续表

Panel B. Portfolios sorted on *CVaR*99 and turnover								
*CVaR*1/TO	*CVaR*99 quintiles					*CVaR*99 strategies		
	1 (Lowest)	2	3	4	5 (Highest)	r_e	α_{FF3}	α_{CH3}
TO quintiles	Portfolio excess return							
1 (Lowest)	1.469	1.729	1.513	1.851	1.496	0.027 (0.093)	0.152 (0.532)	0.180 (0.595)
2	1.940	1.852	1.762	1.810	1.208	−0.732*** (−2.653)	−0.598** (−2.157)	−0.560 (−1.557)
3	1.946	1.900	1.546	1.533	1.154	−0.792*** (−3.143)	−0.576** (−2.115)	−0.594* (−1.779)
4	1.721	1.600	1.568	1.310	0.513	−1.208*** (−4.696)	−1.023*** (−3.652)	−1.071*** (−2.837)
5 (Highest)	1.293	0.890	0.525	−0.023	−0.814	−2.107*** (−7.567)	−1.881*** (−6.091)	−2.102*** (−5.978)

注：（1）*、**、***分别表示在10%、5%、1%的水平下显著；（2）括号内表示的是 Newey – West 调整后的 t 统计量。

表 8 – 7 　　　　　　　　　双变量组合分析（价值加权）

Panel A. Portfolios sorted on *CVaR*1 and turnover								
*CVaR*1/TO	*CVaR*1 quintiles					*CVaR*1 strategies		
	1 (Lowest)	2	3	4	5 (Highest)	r_e	α_{FF3}	α_{CH3}
TO quintiles	Portfolio excess return							
1 (Lowest)	1.060	1.430	1.068	1.217	1.070	0.011 (0.023)	0.121 (0.271)	−0.064 (−0.145)
2	1.540	1.378	1.601	1.656	1.215	−0.325 (−0.779)	−0.274 (−0.666)	−0.331 (−0.758)

续表

Panel A. Portfolios sorted on *CVaR*1 and turnover								
	*CVaR*1 quintiles					*CVaR*1 strategies		
*CVaR*1/*TO*	1 (Lowest)	2	3	4	5 (Highest)	r_e	α_{FF3}	α_{CH3}
3	1.565	1.602	1.395	1.389	0.711	−0.854 ** (−2.197)	−0.723 * (−1.777)	−0.918 ** (−2.285)
4	1.428	1.212	0.919	0.965	0.453	−0.975 ** (−2.062)	−0.701 (−1.495)	−1.195 * (−1.957)
5 (Highest)	1.320	0.629	0.279	0.097	−0.603	−1.923 *** (−4.128)	−1.662 *** (−3.390)	−2.001 *** (−4.116)
Panel B. Portfolios sorted on *CVaR*99 and turnover								
	*CVaR*99 quintiles					*CVaR*99 strategies		
*CVaR*1/*TO*	1 (Lowest)	2	3	4	5 (Highest)	r_e	α_{FF3}	α_{CH3}
TO quintiles	Portfolio excess return							
1 (Lowest)	1.208	1.323	1.249	1.256	0.909	−0.299 (−0.817)	−0.235 (−0.629)	−0.223 (−0.523)
2	1.614	1.417	1.274	1.773	0.640	−0.974 ** (−2.277)	−0.832 * (−1.956)	−0.764 (−1.479)
3	1.740	1.566	1.547	1.340	0.611	−1.129 *** (−2.732)	−0.910 ** (−2.200)	−0.956 ** (−1.993)
4	1.651	1.338	1.323	1.004	0.218	−1.432 *** (−3.486)	−1.203 *** (−2.974)	−1.137 ** (−2.064)
5 (Highest)	1.249	0.689	0.288	−0.006	−0.866	−2.115 *** (−5.853)	−1.877 *** (−4.753)	−2.185 *** (−4.792)

注：（1）*、**、***分别表示在10%、5%、1%的水平下显著；（2）括号内表示的是Newey‐West调整后的 t 统计量。

表 8 - 6 中的结果揭示了在换手率五分位数投资组合中尾部风险异象的显著模式。具体来看，在最高换手率五分位数中，做多 CVaR1 最低股票组合和做空 CVaR1 最高股票组合的策略，每月产生了显著的超额回报为 - 1.756% 。相应的 α_{FF3} 和 α_{CH3} 也都是显著的负值。然而，在最低换手率五分位数中，CVaR1 策略产生的超额回报不显著，相应的 α_{FF3} 和 α_{CH3} 也不显著。类似地，在最高换手率五分位数中，做多 CVaR99 最低股票组合和做空 CVaR99 最高股票组合的策略，每月产生了显著且为负的超额回报，为 - 2.107% 。α_{FF3} 和 α_{CH3} 也都是显著的负值。然而，在最低换手率五分位数中，CVaR99 策略的超额回报和异常回报都不显著。即左尾动量和右尾反转只存在于交易活跃的股票中，这表明投资者交易加剧而非减弱了错误定价导致的股票极端损失或收益。

进一步按照价值加权进行双变量分组，按 CVaR1（CVaR99）和换手率排序的价值加权投资组合的回报，呈现出相同的模式。也说明了左尾动量和右尾反转只存在于交易活跃的股票中。不管是等权重分组还是加权分组分析，都可以说明投资者交易加剧而非减弱了尾部风险异象。

8.3.3　Fama - MacBeth 回归分析

为了进一步检验投资者交易对尾部风险异象的影响，作为稳健性检验，我们将高（低）换手率股票的未来回报对尾部风险进行了 Fama - MacBeth 回归，核心变量包括左尾（右尾）风险，并将其他公司特征作为控制变量。每个月根据股票的换手率中位数将股票分为高换手率和低换手率子样本。然后对月度回报进行回归，以滞后的 $CVaR1$（$CVaR99$）和各种公司特征为自变量。表 8－8 展示了实证结果。对于高换手率股票，$CVaR1$（$CVaR99$）的估计系数值显著为负，而对于低换手率股票分组则并不显著。换句话说，左尾动量和右尾反转只存在于交易活跃的股票中。通过 Fama－MacBeth 回归分析，进一步说明投资者的交易加剧了尾部风险异象。

表 8－8　　　　　　　　　Fama－MacBeth 回归分析

Variable	Panel A. High－turnover stocks		Panel B. Low－turnover stocks	
	(1)	(2)	(3)	(4)
CVaR1	－0.420 *** (－2.974)		0.186 (1.261)	
CVaR99		－0.327 *** (－3.634)		0.097 (0.970)
FCs	YES	YES	YES	YES
Intercept	－0.022 (－0.459)	－0.032 (－0.651)	0.050 (1.344)	0.053 (1.446)
Avg. R^2	0.145	0.144	0.182	0.182

8.4　本章小结

本章以中国股市 A 股 2006 年 1 月至 2021 年 12 月数据为样本，应用条件风险价值（CVaR）作为尾部风险的代理变量，研究发现在中国，无论是左尾风险还是右尾风险都与未来股票回报呈负相关关系。此外，我们基于尾部风险和换手率对股票组合进行了双重排序分析，左尾动量和右尾反转异常仅存在于高周转率的股票中。进一步进行 Fama – MacBeth 回归分析，并确认结果一致。本章的研究表明投资者交易加剧而非减弱了尾部风险异象，为行为偏差解释提供了进一步的有力证据。

第9章 研究结论

本书主要从五个方面展开研究。第一，建立以基金抱团股票为链接的机构信息网络模型，利用社会网络方法中的网络密度、中心性和凝聚性分析，探讨基金抱团交易的网络特征。第二，建立回归模型，研究基金抱团交易的持股比例、持股集中度对股价尾部风险的影响。第三，从信息网络的位置、信息传递的效率、基金持股稳定性的视角剖析基金抱团交易对极端尾部风险影响的内在机制。第四，尾部风险对资产定价的影响，探讨是否存在尾部风险异象（经历大幅下跌的股票是继续下跌还是反转，经历大幅上涨的股票是持续上涨还是反转下跌）。第五，进一步分析投资者交易（换手率）对尾部风险异象的影响，是增强还是减弱尾部风险异象。主要得到以下方面的结论。

首先，以2010—2021年公募基金重仓持股数据为研究样本，以任意两只基金是否共同持有任意一家公司股票的市值占基金资产净值大于或等于5%建立信息链接，构建基金重仓持股交易的信息网络，利用Louvain算法从信息网络中近似提取出基金抱团交易团体，对基金抱团交易的信息网络对股价尾部风险的影响与影响机制进行实证检验表明：第一，基金抱团交易的持股比例越高，股价未来的极端上涨与下跌的尾部风险就越大；第二，利用基金抱团交易的赫芬达尔指数、团体中最大持股比例替代基金抱团交易的持股比例，并进一步利用股票涨跌幅超过 5%、7% 的次数替代尾部风险指标，以及利用 2015 年、2020 年子样本回归检验，基金抱团交易加剧股价极端上涨与下跌尾部风险的结论依然稳健；第三，基金抱团交易阻碍了信息传递的效率、降低了机构投资者的持股稳定性，从而加剧股价极端上涨与下跌的尾部风险；第四，越是接近抱团交易信息网络中心位置的股票以及非国有企业性质的股票，抱团交易持股比例对股价尾部风险的影响越大。

其次，基于 A 股市场 2006—2021 年的个股数据，采用单变量、双变量投资组合分析以及 Fama – MacBeth 回归，检验了个股左尾风险与横截面收益之间的关系。单变量投资组合层面的分析揭示，左尾风险与股票期望收益具有很强的关系，但与预期的方向相反。左尾风险最高五分位数股票的未来收益，统计和经济意义上均显著低于最低五分位数的股票。双变量投资组合层面和多变量横截面回归结果表明，这一异象不能用特质波动率以及其他与左尾风险相关的公司特征来解释。使用不同的左尾风险替代指标，左尾风险与期望收益的负相关关系依旧稳健。

再次，基于个人投资者的信息反应不足视角，为左尾风险在横截面上的持续现象提供了交易行为的解释。如果投资者低估了左尾风险的持续性，就可能高估刚经历过日内价格大幅下跌、具有高左尾风险股票的价格。当未来价格仍旧大幅下跌时，这些高左尾风险的股票下个月的收益会低。因此，收益分布的左尾会持续，导致左尾收益动量；左尾风险越高的股票，个人（机构）越

（不）活跃，由于个人投资者更可能低估左尾风险的持续性；个人投资者持股比例越高，该异象越严重；分析师覆盖程度越低、股价同步性越低的股票、投资者情绪越高以及套利成本越高的情形，左尾风险异象更强。

最后，以中国股市 A 股 2006 年 1 月至 2021 年 12 月数据为样本，应用条件风险价值（CVaR）作为尾部风险的代理变量，研究发现在中国，无论是左尾风险还是右尾风险都与未来股票回报呈负相关关系；基于尾部风险和换手率对股票组合进行了双重排序分析，左尾动量和右尾反转异常仅存在于高周转率的股票中；进一步进行 Fama – MacBeth 回归分析，结果一致。实证分析表明投资者交易加剧而非减弱了尾部风险异象，为行为偏差解释提供了进一步的有力证据。

本书基于信息网络模型，实证分析了基金抱团交易的持股比例、网络密度、特征向量中心度对股价尾部风险的影响以及内在的影响机制。研究结论丰富了信息网络对机构投资者投资行为方面的相关文献，为信息网络与金融的交叉前沿研究提供理论基础；对于投资者来说，可以丰富投资策略，通过观察基金抱团交易指标，可以有效管理单只股票投资的最大回撤，也可以根据抱团现象，形成"盯机构"的投资交易策略；对于监管层来说，应对机构投资者高度抱团交易行为保持密切关注，防止出现极端尾部风险，提供现实依据。

中国政治和经济环境与美国以及其他发达经济体大不相同，而且中国市场和投资者也与其他地区相对隔离，研究中国金融市场，需要使用含有中国国情的定价模型，而不能使用简单复制

Fama 和 French（1993）的三因子定价模型。研究结论具有重要的意义，在理论方面，基于中国 A 股市场的最新数据，采用 Liu 等（2019）提出的中国版因子定价模型，实证检验了左尾风险异象同样存在于中国市场，并结合中国市场的特点，提出了行为金融学角度的解释，有助于丰富国内对于资产定价异象和行为金融学的研究。在实践层面，机构投资者持股和分析师更多关注可以有效缓解左尾风险异象，提升资本市场的定价效率，有效防范尾部风险。应该充分发挥机构投资者和证券分析师对市场的理性引导，促进资本市场平稳、高效运行，切实发挥金融为实体经济服务的作用。

参考文献

［1］薄仙慧，吴联生．国有控股与机构投资者的治理效应：盈余管理视角［J］．经济研究，2009（2）：81 - 91.

［2］蔡庆丰，宋友勇．超常规发展的机构投资者能稳定市场吗？——对我国基金跨越式发展的反思［J］．经济研究，2010（1）：90 - 101.

［3］曹丰，鲁冰，李争光，等．机构投资者降低了股价崩盘风险吗？［J］．会计研究，2015（11）：55 - 62.

［4］曹姿姿．CVaR与资产截面收益［D］．江西财经大学，2008.

［5］陈国进，许秀，赵向琴．罕见灾难风险和股市收益——基于我国个股横截面尾部风险的实证分析［J］．系统工程理论与实践，2015，35（9）：2186 - 2199.

［6］陈坚．中国股票市场尾部风险与收益率预测——基于 Copula 与极值理论的 VaR 对比研究［J］．厦门大学学报（哲学社会科学版），2014（4）：45 - 54.

［7］陈浪南，屈文洲．资本资产定价模型的实证研究［J］．经济研究，2000（4）：26 - 34.

［8］陈守东，孔繁利，胡铮洋．基于极值分布理论的 VaR 与 ES 度量［J］．数量经济技术经济研究，2007（3）：118 - 124 + 133.

［9］陈守东，李云浩．基于 GVIX - EVT 模型的资本市场尾部风险

测度研究［J］. 湖南农业大学学报（社会科学版），2021，22（5）：69－78.

［10］陈新春，刘阳，罗容华. 机构投资者信息共享会引发黑天鹅吗？——基金信息网络与极端市场风险［J］. 金融研究，2017（7）：140－153.

［11］代昀昊，唐齐鸣，刘莎莎. 机构投资者信息不对称与股价暴跌风险［J］. 投资研究，2015（1）：50－60.

［12］邓鸣茂，阳久祥，梅春. 基金抱团交易的信息网络与股价尾部风险［J］. 金融经济学研究，2023（5）：129－144.

［13］邓雪春，郑振龙. 中国股市存在"特质波动率之谜"吗？［J］. 商业经济与管理，2011（1）：60－67＋75.

［14］郭白滢，李瑾. 机构投资者信息共享与股价崩盘风险——基于社会关系网络的分析［J］. 经济管理，2019（7）：171－186.

［15］郭白滢，周任远. 信息互动、投资决策与股票价格——基于机构投资者信息网络的分析［J］. 金融研究，2019（10）：188－206.

［16］郭晓冬，柯艳蓉，吴晓晖. 坏消息的掩盖与揭露——机构投资者网络中心性与股价崩盘风险［J］. 经济管理，2018（4）：152－169.

［17］韩伟龙. 机构投资者持股与股价同步性——基于沪深A股的经验数据［J］. 财会通讯，2016（15）：79－82.

［18］郝雅慧. 机构投资者网络对股票价格波动性的影响［D］. 山西大学，2018.

［19］花拥军，张宗益. 基于峰度法的POT模型对沪深股市极端风险的度量［J］. 系统工程理论与实践，2010（5）：786－796.

［20］黄金波，李仲飞，丁杰. 基于CVaR的基金业绩测度研究［J］. 管理评论，2018，30（4）：20－32.

［21］黄玮强，奇丽英，张静．尾部风险和债券横截面收益率：来自中国债券市场的证据［J］．金融发展研究，2022（7）：68－75．

［22］江涛．基于 GARCH 与半参数法 VaR 模型的证券市场风险的度量和分析：来自中国上海股票市场的经验证据［J］．金融研究，2010（6）：103－111．

［23］蒋松，钱燕．基金网络中机构投资者抱团对股票市场的影响研究［J］．金融与经济，2021（10）：83－88．

［24］靳云汇，刘霖．中国股票市场 CAPM 的实证研究［J］．金融研究，2001（7）：106－115．

［25］孔东民，王江元．机构投资者信息竞争与股价崩盘风险［J］．南开管理评论，2016（5）：127－138．

［26］孔东民，魏诗琪．信息不对称性、机构持股与价格稳定性［J］．证券市场导报，2019：63－69．

［27］李宏，王刚，路磊．股票流动性能够解释收益反转之谜吗？［J］．管理科学学报，2016，19（8）：84－101．

［28］李科，陆蓉，夏翊．基金家族共同持股：意见分歧与股票收益［J］．经济研究，2015（10）：64－75．

［29］李增福，林盛天，连玉君．国有控股机构投资者与真实活动的盈余管理［J］．管理工程学报，2013，27（3）：35－44．

［30］凌爱凡，谢林利．特异性尾部风险、混合尾部风险与资产定价——来自我国 A 股市场的证据［J］．管理科学学报，2019（8）：72－87．

［31］刘京军，苏楚林．传染的资金——基于网络结构的基金资金流量及业绩影响研究［J］．管理世界，2016（1）：54－65．

［32］刘京军，徐浩萍．机构投资者长期投资者还是短期机会主义者？［J］．金融研究，2019（9）：141－153．

［33］刘秋平．机构投资者能否发生稳定器作用——基于个股暴跌风险的实证检验［J］．现代财经，2015（3）：27－37．

［34］刘星，吴先聪．机构投资者异质性、企业产权与公司绩效——基于股权分置改革前后的比较分析［J］．中国管理科学，2011，19（5）：183－192．

［35］娄清青，李华，孙秋柏．机构投资"抱团"行为的信息网络研究［J］．数学实践与认知，2020，50（17）：45－51．

［36］陆蓉，李良松．家族共同持股对基金管理公司业绩与风险的影响研究［J］．金融研究，2008（2）：140－151．

［37］陆蓉，刘亚琴．共持重仓股"变脸"对基金家族的连锁效应研究［J］．财经研究，2009（4）：60－71．

［38］陆升艺，徐秋华，罗荣华．尾部风险承担与基金网络［J］．经济学（季刊），2022，22（3）：912－925．

［39］陆煊，黄俐．投资网络、近邻效应与投资者行为趋同性——基于复杂网络视角的实证研究［J］．现代财经（天津财经大学学报），2014（11）：46－59．

［40］罗进辉，向元高，金思静．中国资本市场低价股的溢价之谜［J］．金融研究，2017（1）：191－206．

［41］马慧萍．机构投资者网络对股价崩盘风险的影响研究［D］．山西大学，2020．

［42］欧阳志刚，李飞．四因子资产定价模型在中国股市的适用性研究［J］．金融经济学研究，2016，31（2）：84－96．

［43］屈源育，吴卫星．基金家族的造星策略——基于共同持股股票收益率差异视角［J］．财经研究，2014（4）：103－116．

［44］申宇，赵静梅，何欣．基金未公开的信息：隐形交易与投资业绩［J］．管理世界，2013（8）：53－66．

［45］申宇，赵静梅，何欣．校友关系网络基金投资业绩与"小圈子"效应［J］．经济学（季刊），2016（1）：403 - 428.

［46］施东晖．证券投资基金的交易行为及其市场影响［J］．世界经济，2001（10）．

［47］史永东，王谨乐．中国机构投资者真的稳定市场了吗？［J］．经济研究，2014（12）：100 - 112.

［48］田高良，封华，张亭．风险承担、信息不透明与股价同步性［J］．系统工程理论与实践，2019，39（3）：578 - 595.

［49］田利辉，王冠英，谭德凯．反转效应与资产定价：历史收益率如何影响现在［J］．金融研究，2014（10）：177 - 192.

［50］王典，薛宏刚．机构投资者网络加剧了还是抑制了公司特质风险［J］．金融经济学研究，2018，33（5）：71 - 78.

［51］王海青．基金经理抱团对股价波动的影响研究［D］．浙江财经大学，2019.

［52］王军，宋秀娜，孔晓旭．投资者注意力与过度自信对左尾反转的增益效应——基于我国 A 股数据的实证研究［J］．商业研究，2020（12）：21 - 30.

［53］王亚平，刘慧龙，吴联生．信息透明度、机构投资者与股价同步性［J］．金融研究，2009（12）：162 - 174.

［54］王一鸣，周泳光．市场流动性与资产定价［J］．上海经济研究，2022（1）：104 - 114.

［55］韦艳华，张世英．多元 Copula - GARCH 模型及其在金融风险分析上的应用［J］．数理统计与管理，2007（3）：433 - 439.

［56］魏星集，夏维力，孙彤彤．基于 BW 模型的 A 股市场投资者情绪测度研究［J］．管理观察，2014（33）：71 - 73 + 76.

［57］吴慧慧，迟骏．投资者情绪、风险承担与股票收益［J］．金

融发展研究，2022（1）：38 – 47.

［58］吴世农，许年行．资产的理性定价模型和非理性定价模型的比较研究——基于中国股市的实证分析［J］．经济研究，2004（6）：105 – 116.

［59］吴晓晖，郭晓冬，乔政．机构投资者抱团与股价崩盘风险［J］．中国工业经济，2019（2）：117 – 133.

［60］肖欣荣，刘健，赵海健．机构投资者行为的传染——基于投资者视角［J］．管理世界，2012（12）：35 – 43.

［61］徐龙炳，张大方．中国股票市场"聪明投资者"行为研究［J］．财经研究，2017（4）：98 – 110.

［62］徐绪松，王频，侯成琪．基于不同风险度量的投资组合模型的实证比较［J］．武汉大学学报（理学版），2004（3）：311 – 314.

［63］杨驰，张兵，朱红兵．套利限制对股票错误定价的影响研究［J］．证券市场导报，2023（3）：57 – 67.

［64］杨棉之，张园园．会计稳健性机构投资者异质性与股价崩盘风险——来自中国 A 股上市公司的经验证据［J］．审计与经济研究，2016，31（5）：61 – 71.

［65］杨娴，陆凤彬，汪寿阳．国际有色金属期货市场 VaR 和 ES 风险度量功效的比较［J］．系统工程理论与实践，2011，31（9）：1645 – 1651.

［66］张冰洁，汪寿阳，魏云捷，等．基于 CoES 模型的我国金融系统性风险度量［J］．系统工程理论与实践，2018，38（3）：565 – 575.

［67］张进滔，李竹渝．极端事件下尾部风险度量的比较分析［J］．统计与决策，2006（12）：7 – 10.

［68］张宗新，杨通旻．盲目炒作还是慧眼识珠？——基于中国证

券投资基金信息挖掘行为的实证分析［J］．经济研究，2014（7）：138－150.

［69］赵胜民，闫红蕾，张凯．Fama - French 五因子模型比三因子模型更胜一筹吗——来自中国 A 股市场的经验证据［J］．南开经济研究，2016（2）：41－59.

［70］郑振龙，孙清泉．彩票类股票交易行为分析：来自中国 A 股市场的证据［J］．经济研究，2013，48（5）：128－140.

［71］郑振龙，王磊，王路跐．特质偏度是否被定价？［J］．管理科学学报，2013，16（5）：1－12.

［72］周开国，应千伟，陈晓娴．媒体关注度、分析师关注度与盈余预测准确度［J］．金融研究，2014（2）：139－152.

［73］周亮．尾部风险视角下的投资组合优化［J］．统计与信息论坛，2020，35（6）：80－88.

［74］朱红军，何贤杰，陶林．中国的证券分析师能够提高资本市场的效率吗——基于股价同步性和股价信息含量的经验证据［J］．金融研究，2007（2）：110－121.

［75］朱会芳．机构持股稳定性与股价崩盘风险［J］．上海金融，2019（9）：11－12.

［76］左浩苗，郑鸣，张翼．股票特质波动率与横截面收益：对中国股市"特质波动率之谜"的解释［J］．世界经济，2011，34（5）：117－135.

［77］Acerbi C，Nordio C，Sirtori C. Expected Shortfall as a Tool for Financial Risk Management［J］．Quantitative Finance，2001，31（2）：379－388.

［78］Ahern. K. R. Information Networks - Evidence from Illegal Insider Trading Tips［J］．Journal of Financial Economics，2017，125（5）：

26 – 47.

[79] Amihud, Y. Illiquidity and Stock Returns: Cross – Section and Time – Series Effects [J]. Journal of Financial Markets, 2002, Vol. 5 (1): 31 – 56.

[80] Amos Tversky, Daniel Kahneman. Advances in Prospect Theory: Cumulative Representation of Uncertainty [J]. Journal of Risk and Uncertainty, 1992, Vol. 5 (4): 297 – 323.

[81] Andrei Shleifer. Robert W Vishny. The Limits of Arbitrage [J]. Journal of Finance, 1997, Vol. 52 (1): 35 – 55.

[82] Andrew Ang, Robert J Hodrick, Yuhang Xing, Xiaoyan Zhang. The Cross – Section of Volatility and Expected Returns [J]. The Journal of Finance, 2006, Vol. 61 (1): 259 – 299.

[83] Andrew Ang, Joseph Chen, Yuhang Xing. Downside Risk [J]. Review of Financial Studies, 2006, Vol. 19 (4): 1191 – 1239.

[84] Artzner P, Delbaen F, Eber J M, et al. Coherent Measures of Risk [J]. Mathematical Finance, 1999, 9 (3): 203 – 228.

[85] Arzac E. R, Bawa V. S. Portfolio Choice and Equilibrium in Capital Markets with Safety – first Investors [J]. Journal of Financial Economics, 1997 (4): 277 – 288.

[86] Assenza, S. , J. . Gómez – Gardenes, V. Latora. Enhancement of Cooperation in Highly Clustered Scale – Free Networks [J]. Physical Review E Statistical, Nonlinear, and Soft Matter Physics, 2008, 78 (1/2): 1 – 5.

[87] Atilgan, Yigit, Turan G. Bali, K. Ozgur Demirtas, and A. Doruk Gunaydin. Left – tail Momentum: Underreaction to Bad News, Costly Arbitrage and Equity Returns [J]. Journal of Financial Economics, 2020,

135，725 – 753.

[88] Bali T G，Demirtas K O，Levy H. Is There an Intertemporal Relation between Downside Risk and Expected Returns?［J］. Journal of Financial & Quantitative Analysis，2009，44（4）：883 – 909.

[89] Bali，Turan G.，and Nusret Cakici. Value at Risk and Expected Stock Returns［J］. Financial Analysts Journal，2004，60，57 – 73.

[90] Bawa，V. A.，Lindenberg，E. B. Capital Market Equilibrium in a Mean – lower Partial Moment Framework［J］. Journal of Financial Economics，1997（5）：189 – 200.

[91] Bi，Jia，and Yifeng Zhu. Value at Risk，Cross – sectional Returns and the Role of Investor Sentiment［J］. Journal of Empirical Finance，2020，56，1 – 18.

[92] Blocher J. Network Externalities in Mutual Funds［J］. Journal of Financial Markets，2016，30（9）：1 – 26.

[93] Blondel，V. D.，J. L. Guillaume，R. Lambiotte，E. Lefebvre. Fast Unfolding of Communities in Large Networks［J］. Journal of Statistical Mechanics：Theory and Experiment，2008（10）：1 – 12.

[94] Brian Boyer，Todd Mitton，Keith Vorkink. Expected Idiosyncratic Skewness［J］. Review of Financial Studies，2010，Vol. 23（1）：170 – 202.

[95] Bryan T Kelly，Hao Jiang. Tail Risk and Asset Prices［J］. The Review of Financial Studies，2014，Vol. 27（10）：2841 – 2871.

[96] Bushee，B. J.，T. H. Goodman. Which Institutional Investors Trade Based on Private Information about Earnings and Returns?［J］. Journal of Accounting Research，2007，45（2）：289 – 321.

[97] Callen J L，Fang X. Institutional Investor Stability and Crash

Risk – Monitoring versus Short – termism? [J]. Journal of Banking & Finance, 2013, 37 (8): 3047 – 3063.

[98] Chen, J., H. Hong, J. C. Stein. Forecasting Crashes: Trading Volume, Past Returns, and Conditional Skewness in Stock Prices [J]. Journal of Financial Economics, 2001, 61 (3): 345 – 381.

[99] Crane, A. D., A. Koch, S. Michenaud. Institutional Investor Cliques and Governance [D]. SSRN Working Paper, 2017.

[100] Daniel Kahneman, Amos Tversky. Prospect Theory: An Analysis of Decision Under Risk [J]. Econometrica, 1979, Vol. 47 (2): 263 – 291.

[101] Deng, M., Wang, Z., & Wan, X. Left – tail momentum and right – tail reversal: does trading attenuate or exacerbate the anomaly [J]. Applied Economics Letters, 2024, 1 – 5. https://doi. org/10. 1080/ 13504851. 2024. 2395463.

[102] Deng X, Hung S, Qiao Z. Mutual Fund Herding and Stock Price Crashes [J]. Journal of Banking & Finance, 2018, 94 (9): 166 – 184.

[103] Dennis, P. J., D. Strickland. Who Blinks in Volatile Markets, Individuals or Institutions? [J]. Journal of Finance, 2022 (57): 1923 – 1950.

[104] El – Khatib, K. Fogel, T. Jandik. CEO Network Centrality and Merger Performance [J]. Journal of Financial Economics, 2015, 116 (2): 349 – 382.

[105] Elyasiani E, Jia J. Distribution of Institutional Ownership and Corporate Firm Performance [J]. Journal of Banking & Finance, 2010, 34 (3): 60 – 62.

[106] Eugene F Fama, Kenneth R French. A Five – Factor Asset Pricing Model [J]. Journal of Financial Economics, 2015, Vol. 116 (1): 1 – 22.

[107] Eugene F Fama, Kenneth R French. The Cross – Section of Expected Stock Returns [J]. The Journal of Finance, 1992, Vol. 47 (2): 427 – 465.

[108] Fama, Eugene F, and Kenneth R French. Common Risk Factors in the Returns on Stocks and Bonds [J]. Journal of Financial Economics, 1993, 33, 3 – 56.

[109] Fousseni Chabi – Yo, Stefan Ruenzi, Florian Weigert. Crash Sensitivity and the Cross Section of Expected Stock Returns [J]. Journal of Financial and Quantitative Analysis: JFQA, 2018, Vol. 53 (3): 1059 – 1100.

[110] Gui, Pingshu, and Yifeng Zhu. Value at Risk and the Cross – section of Expected Returns: Evidence from China [J]. Pacific – Basin Finance Journal 66, 2021: 101498.

[111] Guo Bin, Zhang Wei, Zhang Yongjie, Zhang Han. The Five – Factor Asset Pricing Model Tests for the Chinese Stock Market [J]. Pacific Basin Finance Journal, 2017, Vol. 43: 84 – 106.

[112] Gupta A, Liang B. Do Hedge Funds Have Enough Capital? A Value – at – Risk Approach [J]. Journal of Financial Economics, 2005, 77 (1): 219 – 253.

[113] Hong H, J. D. Kubik, J. C. Stein. Thy Neighbor's Portfolio – Word – of – mouth Eects in the Holdingsand Trades of Money Manage [J]. Journal of Finance, 2005, 60 (6): 2801 – 2824.

[114] Hou K, Moskowitz T J. Market Frictions, Price Delay, and the

Cross – section of Expected Returns [J]. Review of Financial Studies, 2005 (3): 981 – 1020.

[115] Huang Wei, Liu Qianqiu, Rhee S Ghon, Wu Feng. Extreme Downside Risk and Expected Stock Returns [J]. Journal of Banking & Finance, 2012, Vol. 36 (5): 1492 – 1502.

[116] Hutton, A. P., A. J. Marcus, H. Tehranian. Opaque Financial Reports, R2, and Crash Risk [J]. Journal of Financial Economics, 2009, 94 (1): 67 – 86.

[117] Jia Bi, Yifeng Zhu, Value At Risk, Cross – Sectional Returns and The Role of Investor Sentiment [J]. Journal of Empirical Finance, 2020, Vol. 56: 1 – 18.

[118] Jianan Liu, Robert F Stambaugh, Yu Yuan. Size and Value in China [J]. Journal of Financial Economics, 2019, Vol. 134 (1): 48 – 69.

[119] Kelly, Bryan, and Hao Jiang. Tail Risk and Asset Prices [J]. Review of Financial Studies, 2014, 27, 2841 – 2871.

[120] Kim J, Li Y, Zhang L. Corporate Tax Avoidance and Stock Price Crash Risk – Firm Level Analysis [J]. Journal of Financial Economics, 2011, 100 (3): 639 – 662.

[121] Kling, Lei Gao. Chinese Institutional Investors Sentiment [J]. Journal of Institutions Financial Markets, Institutions and Money, 2008, 18 (4): 374 – 387.

[122] Linda Allen, Turan G Bali, Yi Tang. Does Systemic Risk in the Financial Sector Predict Future Economic Downturns? [J]. The Review of Financial Studies, 2012, Vol. 25 (10): 3000 – 3036.

[123] Ling, Aifan, and Zizi Cao. Two – side CVaRs and cross – sec-

tional Expected Stock Returns: Evidence from the Chinese Stock Market [D]. Available at SSRN 3468275, 2019.

[124] Liu, Jianan, Robert F Stambaugh, and Yu Yuan. Size and Value in China [J]. Journal of Financial Economics, 2019, 134, 48 – 69.

[125] Long Huaigang, Jiang Yuexiang, Zhu Yanjian. Idiosyncratic Tail Risk and Expected Stock Returns: Evidence from the Chinese Stock Markets. Finance Research Letters, 2018, Vol. 24: 199 – 220.

[126] Longin, F. M. , From Value at Risk to Stress Testing – The Extreme Value Approach [J]. Journal of Banking and Finance, 2000, 24 (7): 1097 – 1130.

[127] Lubos Pastor, Robert F Stambaugh. Liquidity Risk and Expected Stock Returns. Journal of Political Economy, 2003, Vol. 111 (3): 642 – 685.

[128] Marcoux, M. , D. Lusseau. Network Modularity Promotes Cooperation [J]. Journal of Theoretical Biology, 2013, 324 (5): 103 – 108.

[129] Mark Grinblatt, Bing Han. Prospect Theory, Mental Accounting, and Momentum [J]. Journal of Financial Economics, 2005, Vol. 78 (2): 311 – 339.

[130] Mark M. Carhart. On Persistence in Mutual Fund Performance [J]. The Journal of Finance, 1997, Vol. 52 (1): 57 – 82.

[131] Maug E, Naik N. Herding and Delegated Portfolio Management – The Impact of Relative Performance Evaluation on Asset Allocation [J]. The Quarterly Journal of Finance, 2012.

[132] Medhat, Mamdouh, and Maik Schmeling. Short – term Momentum [J]. Review of Financial Studies 2022, 35: 1480 – 1526.

［133］ Narasimhan Jegadeesh, Sheridan Titman. Returns to Buying Winners and Selling Losers – Implications for Stock – Market Efficiency ［J］. Journal of Finance, 1993, Vol. 48 (1): 65 –91.

［134］ Narasimhan Jegadeesh. Evidence of Predictable Behavior of Security Returns ［J］. Journal of Finance, 1990, Vol. 45 (3): 881 –898.

［135］ Nicholas Barberis, Abhiroop Mukherjee, Baolian Wang. Prospect Theory and Stock Returns: An Empirical Test ［J］. Review of Financial Studies, 2016, Vol. 29 (11): 3068.

［136］ Nicholas Barberis, Andrei Shleifer, Robert Vishny. A Model of Investor Sentiment ［J］. Journal of Financial Economics, 1998, Vol. 49 (3): 307 –343.

［137］ Nicholas Barberis, Ming Huang. Stocks as Lotteries: The Implications of Probability Weighting for Security Prices ［J］. The American Economic Review, 2008, Vol. 98 (5): 2066 –2100.

［138］ Ozsoylev, H. N. , J. Walden, M. D. Yavuz, Bildik. Investor Networks in the Stock Market ［J］. Review of Financial Studies, 2014, 27 (5): 1323 –1366.

［139］ Pareek A. Information Networks – Implications for Mutual Fund Trading Behavior and Stock Returns ［M］. Social Science Electronic Publishing, 2012.

［140］ Philippe Artzner, Freddy Delbaen, Jean – Marc Eber, David Heath. Coherent Measures of Risk ［J］. Mathematical Finance, 1999, Vol. 9 (3): 203 –228.

［141］ Pickands, J. Statistical Inference Using Extreme Order Statistics ［J］. Annals of Statistics, 1975, 3 (1): 119 –131.

［142］ R. Tyrrell Rockafellar, Stanislav Uryasev. Conditional Value –

At – Risk for General Loss Distributions [J]. Journal of Banking and Finance, 2002, Vol. 26 (7): 1443.

[143] Rajnish Mehra, Edward C. Prescott. The Equity Premium: A Puzzle [J]. Journal of Monetary Economics, 1985, Vol. 15: 145 – 161.

[144] Robert E. Lucas, Jr. Asset Prices in An Exchange Economy [J]. Econometrica, 1978, Vol. 46 (6): 1429 – 1445.

[145] Robert J. Barro. Rare Disasters and Asset Markets in the Twentieth Century (Review) [J]. Quarterly Journal of Economics. 2006, Vol. 121 (3): 823 – 866.

[146] Rockafellar, R. Tyrrell, and Stanislav Uryasev. Conditional Value – at – risk for General Loss Distributions [J]. Journal of Banking & Finance, 2002, 26: 1443 – 1471.

[147] Shleifer A. , Vishny R. W. The Limits of Arbitrage [J]. The Journal of Finance, 1997, 52 (1): 35 – 55.

[148] Sias, R. W, L. T. Starks. Return Autocorrelation and Institutional Investors [J]. Journal of Financial Economics, 1997, 46: 103 – 121.

[149] Stein J. C. , Scharfstein D. S. Herd Behavior and Investment [J]. American Economic Review, 2009, 90 (3): 465 – 479.

[150] Sun, Kaisi, Hui Wang, and Yifeng Zhu. How is the Change in Left – tail Risk priced in China? [J]. Pacific – Basin Finance Journal 71, 2022: 101703.

[151] Sun, Kaisi, Hui Wang, and Yifeng Zhu. Salience Theory in Price and Trading Volume: Evidence from China [J]. Journal of Empirical Finance 70, 2023: 38 – 61.

[152] Svetlozar Rachev, Teo Jašić, Stoyan Stoyanov. Momentum Strat-

egies Based On Reward – Risk Stock Selection Criteria ［J］. Journal of Banking and Finance, 2007, Vol. 31 (8): 2325 – 2346.

［153］ Thomas A. Rietz. The Equity Risk Premium: A Solution ［J］. Journal of Monetary Economics, 1988, Vol. 22: 117 – 131.

［154］ Turan G. Bali, K. Ozgur Demirtas, Haim Levy. Is There an Intertemporal Relation between Downside Risk and Expected Returns? ［J］. Journal of Financial and Quantitative Analysis: JFQA, 2009, Vol. 44 (4): 883 – 909.

［155］ Turan G. Bali, Nusret Cakici, Robert F. Whitelaw. Hybrid Tail Risk and Expected Stock Returns: When does the Tail Wag the Dog? ［J］. Review of Asset Pricing Studies, 2014, Vol. 4 (2): 206 – 246.

［156］ Turan G. Bali, Stephen J. Brown, Scott Murray, Yi Tang. A Lottery – Demand – Based Explanation of The Beta Anomaly ［J］. Journal of Financial and Quantitative Analysis: JFQA, 2017, Vol. 52 (6): 2369 – 2397.

［157］ Wang Chen, Xiong Xiong, Shen Dehua. Tail Risks, Firm Characteristics, and Stock Returns ［J］. Pacific – Basin Finance Journal, 2022: 75.

［158］ Werner F. M. De Bondt, Richard Thaler. Does the Stock Market Overreact? ［J］. Journal of Finance, 1985, Vol. 40 (3): 793 – 805.

［159］ Xavier Gabaix. Variable Rare Disasters: A Tractable Theory of Ten Puzzles In Macro – Finance ［J］. The American Economic Review, 2008, Vol. 98 (2): 64 – 67.

后 记

公募基金通常拥有相似的决策框架、考核机制、信息渠道、行为模式，导致 A 股在 2007 年后经历过 4 次非常显著的抱团交易现象，具体包括 2007—2010 年抱团交易金融地产股，2010—2012 年抱团交易消费股，2013—2016 年抱团交易信息科技股，2019—2021 年抱团交易消费、科技、医药、新能源光伏股。在市场极端下跌时，基金抱团股票呈现集体踩踏的特征，会影响个股的系统性尾部风险，进一步会对金融体系的流动性、资产定价、信息传导和投融资功能等产生巨大破坏，这已成为学界、业界和监管层共同关注的焦点。

金融市场的研究应遵循"市场现象—提出问题—是否影响—为何影响（机制）—影响后果"的逻辑思路展开，才能深入剖析问题。笔者基于基金抱团交易现象，申报课题《机构投资者"抱团"交易的社会网络、尾部风险与资产定价研究》，获得 2021 年教育部人文社会科学研究青年基金项目立项（编号：21YJC790020）。依托该项目，培养阳久祥、王致远、孙生与薛博四位研究生，与阳久祥合作发表 CSSCI 期刊论文《基金抱团交易的信息网络与股价尾部风险》，与王致远合作发表 SSCI 期刊论文 "Left - tail Momentum and Right - tail Reversal：Does Trading Attenuate or Exacerbate the Anomaly"，感谢阳久祥、王致远、孙生与薛博四位研究生为本书所做的贡献。

在本书即将付梓之际，我心中充满了感激之情。首先，我要感谢我的导师们，她们不仅在学术上给予我无私的帮助，更在精神上给予我极大的鼓励和支持；我还要感谢我的家人，他们对我的研究工作给予了无条件的支持和理解；此外，我还要感谢所有参与本书出版的编辑们，他们的专业意见和细致工作使得本书的质量得到了极大的提升；最后，我要感谢所有支持和鼓励我的人，特别是四位已经毕业的研究生同学。我期待未来能够继续在学术的道路上探索和前进，为知识的海洋贡献自己的一份力量。

2024 年 11 月 3 日，邓鸣茂于思源湖畔